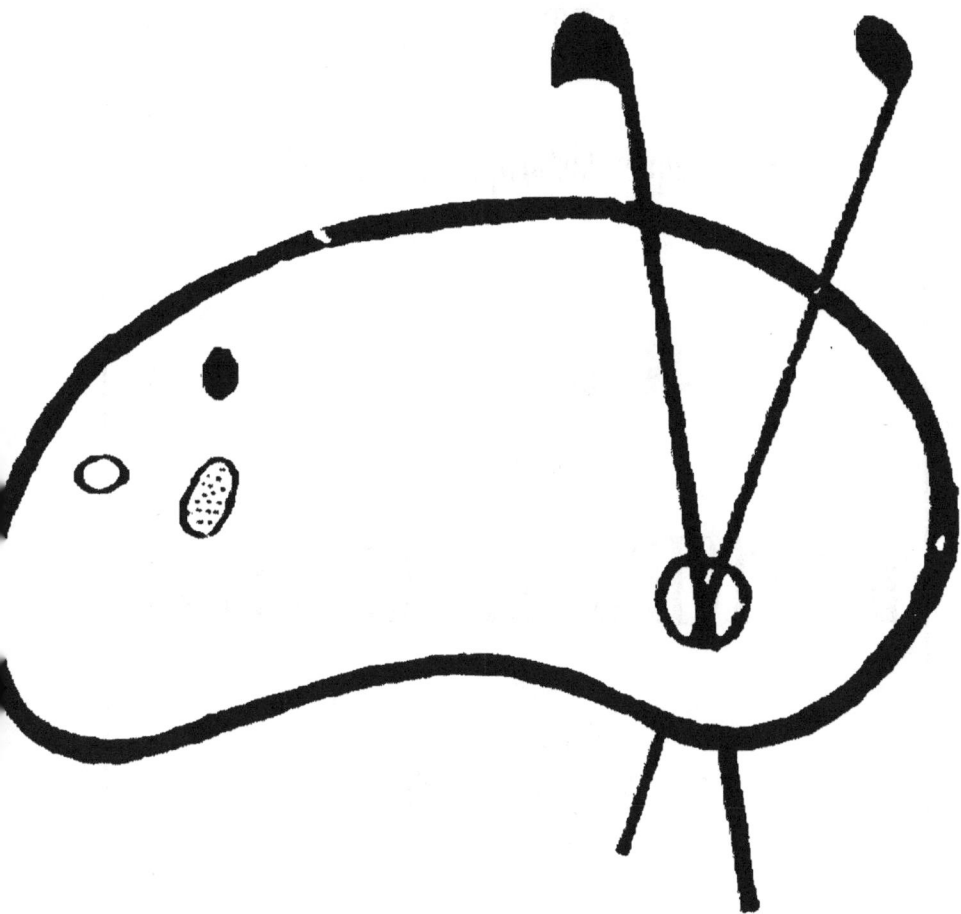

DEBUT D'UNE SERIE DE DOCUMENTS
EN COULEUR

E. PILOT DE THOREY

Bibliothèque historique du Dauphiné

NOTES

POUR SERVIR A

L'HISTOIRE DE GRENOBLE

GRENOBLE

Xavier DREVET, éditeur

LIBRAIRE DE L'ACADÉMIE

14, rue Lafayette, 14

SUCCURSALE A URIAGE-LES-BAINS

1880

Bibliothèque historique du Dauphiné.

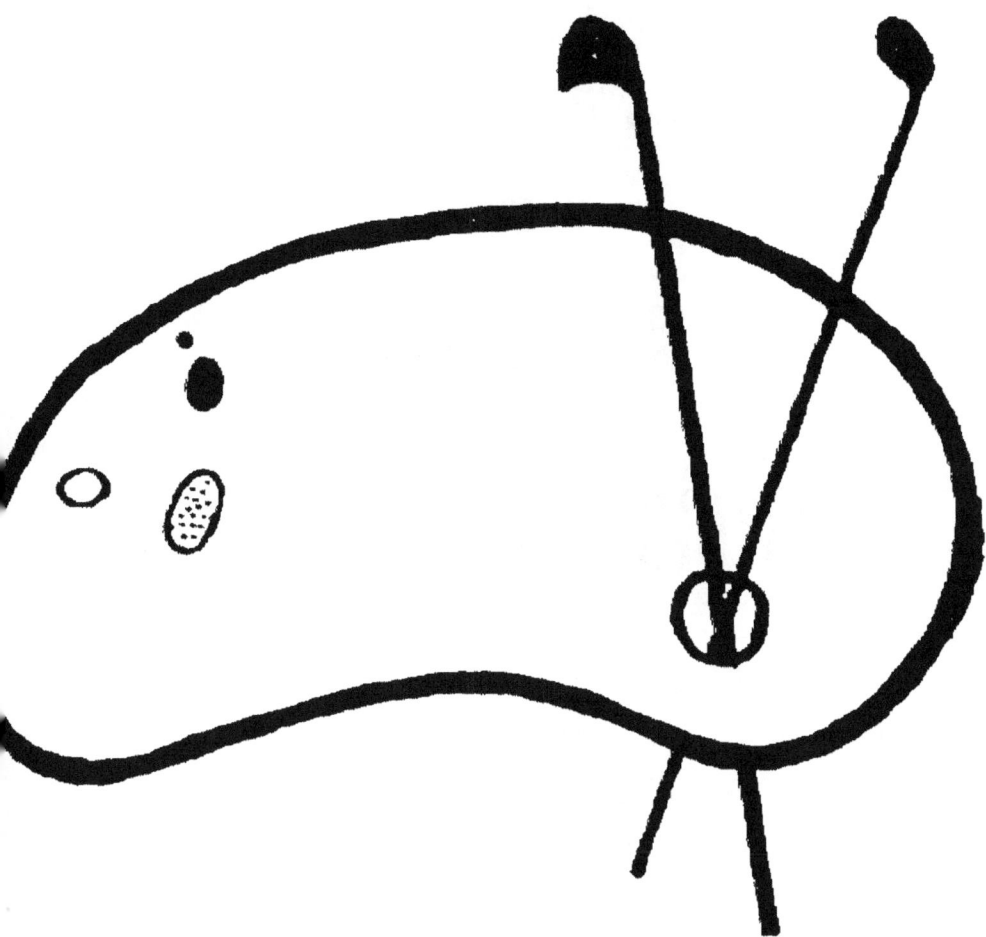

FIN D'UNE SERIE DE DOCUMENTS
EN COULEUR

E. PILOT DE THOREY

Bibliothèque historique du Dauphiné

NOTES

POUR SERVIR A

L'HISTOIRE DE GRENOBLE

GRENOBLE

Xavier DREVET, éditeur

LIBRAIRE DE L'ACADÉMIE

14, rue Lafayette, 14

SUCCURSALE A URIAGE-LES-BAINS

—

1880

L'accueil sympathique que les lecteurs du journal le *Dauphiné* ont bien voulu faire à nos *Notes pour servir à l'histoire de Grenoble,* nous a engagé à les réunir en un petit volume que nous publions aujourd'hui.

On trouvera dans notre travail, non-seulement une nomenclature des événements et des faits tout à la fois les plus intéressants et les plus importants dont notre ville a été le théâtre depuis la fin du siècle dernier jusqu'à l'avénement de la monarchie en 1814, mais encore un grand nombre de documents de toute nature, inédits jusqu'à ce jour. Si parmi les nombreux événements ou simples faits que nous avons enregistrés il s'en trouve plusieurs qui, aujourd'hui, sont acquis à l'histoire, et un grand nombre d'autres dont on peut trouver la relation ou la mention soit dans les ouvrages généraux ou périodiques de notre pays, soit dans des brochures spéciales, la plupart cependant, dont le souvenir est depuis longtemps effacé, sont relatés pour la première fois.

Pour rédiger ce recueil, qui résume sous la forme la plus brève, avec la plus grande impartialité et l'absence de toute appréciation personnelle, l'histoire contemporaine de Grenoble pendant une période de quatorze ans, nous nous somme servi des divers ouvrages et journaux publiés jusqu'à ce jour, et principalement de notes manuscrites rédigées par des témoins oculaires des faits relatés, notes que nous avons en notre possession. Enfin les Archives du département de l'Isère et celles de la municipalité de Grenoble nous ont fourni la plupart des documents publiés.

E. Pilot de Thorey.

NOTES

POUR SERVIR

A L'HISTOIRE DE GRENOBLE

1er juillet 1799. — Départ pour Paris du général Championnet (1), qui venait d'être élargi de la prison de Grenoble, où il avait été enfermé par ordre du gouvernement. Quelques jours après, nommé commandant en chef de l'armée des Alpes, il fit, le 19 du même mois, son entrée dans notre ville, où il installa son quartier général. Championnet séjourna à Grenoble jusqu'au 21 août, jour où il partit pour se rendre à Embrun.

7 juillet 1799. —Arrivée à Grenoble du pape Pie VI comme prisonnier d'Etat. La compagnie à cheval de la garde nationale alla à sa rencontre, et pendant les trois jours que le souverain pontife resta à Grenoble, logé à

---

(1) Jean-Etienne Championnet, général en chef des armées de Rome, de Naples et des Alpes, naquit à Valence le 24 mai 1762; il mourut à Antibes, le 9 janvier 1800.

1

l'hôtel de Vaulx, près de la Citadelle, elle lui servit de garde. Pie VI partit pour Valence, ville qu'on lui avait assignée pour lieu de détention, le 10 juillet à trois heures du matin ; une foule innombrable d'habitants de tout état, de tout âge et de tout sexe s'était portée sur son passage, pour recevoir sa bénédiction (1).

2 octobre 1799. — Célébration à Grenoble, avec grande pompe et solennité, et en présence d'un grand concours d'habitants, d'une fête funèbre en l'honneur du général Joubert, tué quelque temps auparavant à la bataille de Novi. Toutes les autorités y assistaient en crêpe et les troupes étaient sous les armes. Le buste du général, couronné de lauriers et de chênes, placé sur un char funèbre qu'ornait quatre génies en deuil, fut promené dans les différents quartiers de la ville, avec accompagnement de chants, de musiques et de décharges d'artillerie et de mousqueterie. Le cortége se rendit ensuite dans la salle décadaire, où plusieurs personnes, et entre autres Jean-Jacques Joly, capitaine au 6ᵐᵉ bataillon de l'Isère (2), et Jean-Baptiste Berthier, président de l'administration municipale, prononcèrent l'éloge de Joubert (3).

20 octobre 1799. — Remise d'un drapeau au 1ᵉʳ bataillon de la garde nationale, par l'administration centrale du département, réunie à celle de la municipalité et à l'état-major de la division de Grenoble. Joseph Martin, président de l'administration centrale du département de l'Isère, ancien membre du Directoire de ce département

(1) Pie VI mourut à Valence le 29 août 1799, âgé de 82 ans.
(2) Devenu ensuite conseiller de préfecture du département de l'Isère et, le 5 germinal an XII, sous-préfet de l'arrondissement de Vienne : décédé le 1ᵉʳ avril 1808.
(3) *Journal de Grenoble*, nᵒ 279.

et ancien procureur général syndic près le même Directoire, prononça un discours (1).

16 novembre 1799. — Dernière séance du club de Grenoble, dont l'un des derniers actes avait été l'envoi (16 octobre) d'une adresse au général Bonaparte (2).

22 novembre 1799. — Les fonctionnaires publics et la garnison de Grenoble prêtent serment à la nouvelle constitution, en présence d'une foule immense et aux cris répétés de vivent la République, le Consulat et Bonaparte !

24 décembre 1799. — Insurrection des soldats de la 2ᵉ demi-brigade d'infanterie qui était de passage à Grenoble, venant de Suisse et se rendant à Nice ; ils voulaient toucher leur solde entière et refusaient un à-compte de deux décades. Le général Férino, commandant alors la division de Grenoble, déploya la plus grande énergie en cette circonstance. mais ne put cependant apaiser les mutins qu'en leur faisant compter sept décades de solde.

Durant le mois de décembre 1799, une épidémie de fièvre putride, ou fièvre d'hôpital (3), atteint à Grenoble

---

(1) *Journal de Grenoble,* n° 293.

(2) Cette adresse se trouve dans le *Journal de Grenoble,* n° 290. Il existe, en outre, une critique sévère de sa rédaction dans le *Spectateur,* n° 36, reproduite dans le précédent journal. n° 309.

(3) Parmi les documents publiés sur cette épidémie, nous mentionnerons les suivants : *Histoire de la fièvre qui a régné épidémiquement à Grenoble pendant les mois, etc.,* par Trousset. Grenoble, Giroud, an VIII, in-8°. — *Constitution épidémique de Grenoble, des trois derniers mois de l'an VII et des six premiers mois de l'an VIII, avec la notice des maladies qui l'ont précédée et suivie, etc.,* par Jean-Balthasard Laugier,

sa plus grande intensité. Ce fléau, qui avait pris naissance durant les derniers jours de septembre précédent,
dans les hôpitaux militaires de cette ville, où l'on avait
entassé un grand nombre de soldats blessés et malades,
évacués des armées des Alpes et d'Italie, ne tarda pas à
se propager avec rapidité dans toute la ville et même
dans les environs, où, durant le cours de quatre mois, il
occasionna les plus grands ravages.

La plupart des médecins furent atteints de cette cruelle
maladie et quatre d'entre eux succombèrent, à savoir :
les docteurs Jourdan-Duchadoz, praticien distingué que
l'administration départementale de l'Isère avait désigné
pour soigner le pape Pie VI et qui avait reçu à Valence
ses derniers soupirs; Etienne Emery, ancien membre du
Corps municipal de Grenoble, en 1795 (1); Mathieu
Chabert et Cabannes, officier de santé en chef de l'hôpital
militaire. Le célèbre Dominique Villar (2), ancien médecin

docteur en médecine, etc. Grenoble, Giroud, an IX, in-8°. — *Lettre de Frier. officier de santé* (sur les causes de l'épidémie), *au Journal de Grenoble* (n° 320). — *Arrêté de l'administration centrale du département de l'Isère du 22 frimaire an VIII, qui ordonne l'impression d'un rapport de la société de santé de Grenoble, sur les moyens préservatifs et curatifs de la maladie épidémique qui s'est manifestée dans les hôpitaux de ladite commune* (à la suite se trouve le rapport). Grenoble, J. Allier, in-8°. — *Délibération de l'administration municipale de Grenoble, concernant le lieu et le mode des inhumations, du 12 nivôse an VIII.* Grenoble, P. Cadou et David, in-8°, de 16 pages.

(1) Il était le père de Joseph-Augustin-Apollinaire Emery, chirurgien-major, médecin de Napoléon à l'Ile d'Elbe, et après son retour en France pendant les Cent-Jours; décédé au Grand-Lemps, le 4 octobre 1821.

(2) Villar était né au Noyer (Hautes-Alpes), le 14 novembre 1745; il mourut à Strasbourg le 27 juin 1814. La municipalité de Grenoble a rendu un juste hommage à sa mémoire en

de l'hôpital des religieux de la Charité, membre de l'Académie delphinale, alors médecin en chef de l'hôpital militaire et professeur d'histoire naturelle à l'école centrale de Grenoble, qui, à la première nouvelle de cette épidémie s'était empressé d'accourir de Paris, où il se trouvait, pour apporter à ses compatriotes les secours de son art, n'échappa point à cette contagion, dont il fut atteint, le 25 janvier 1800; ce ne fut que grâce à sa robuste constitution et aux soins minutieux dont l'environnèrent ses amis ou ses élèves, les docteurs Trousset, Gagnon, Laugier, Caffarel, Botta, Charcos, Caire et Bilon, qu'il triompha de la maladie.

Comme témoignage rendu à leur dévouement et à leur abnégation, on nous permettra de mentionner ici les noms des médecins qui se distinguèrent le plus durant cette épidémie :

Henri Gagnon, ancien directeur et médecin de l'hôpital général, membre de la commission administrative des hospices et de la commission de surveillance du dépôt de mendicité de Grenoble, membre du jury de l'école centrale et du jury de médecine de l'Isère, l'un des directeurs de l'école de chirurgie établie à Grenoble en 1802, président du lycée ou société des sciences et des arts (1), de la société de santé (2) et de la société d'agriculture et d'histoire naturelle de l'Isère (3); décédé en 1813.

Jean-Baptiste Héraud, chirurgien distingué, professeur du cours d'accouchement depuis son organisation en 1775,

donnant son nom à l'une des rues de cette ville. — Consulter sur Villar la Biographie du Dauphiné de M. Rochas, et une étude biographique insérée dans le *Dauphiné*, par M. Aristide Albert.

(1) Société savante fondée à Grenoble le 19 mai 1796; elle remplaça l'ancienne Académie delphinale.

(2) Société fondée en 1797 à Grenoble.

(3) Société établie à Grenoble en 1798.

ancien lieutenant du premier chirurgien du roi, médecin
des prisons et du dépôt de mendicité de Grenoble; décédé en 1816.

Claude Lalleman, plus connu sous le nom de père Ovide,
natif de Toul, en Lorraine, ancien religieux de la Charité
de Saint-Jean-de-Dieu et professeur à l'école de chirurgie que ces religieux avaient fondé à Grenoble en 1771;
après la suppression de son ordre, il était resté dans notre
ville, où il se distingua dans l'exercice de la chirurgie et
où il mourut en 1844, à l'âge de 82 ans.

Etienne Trousset-Berard, né à Grenoble le 19 octobre
1769, docteur en médecine de la Faculté de Montpellier,
élève de Fourcroi, de Chaptal et de Bertholon, professeur de chimie et de physique à l'école centrale du département de l'Isère, depuis le 4 novembre 1796, inspecteur
des eaux minérales de ce même département, médecin à
l'hospice civil de Grenoble, membre de la société des
sciences et arts et du conseil d'agriculture des arts et du
commerce du département de l'Isère, nommé professeur
de clinique et de chimie médicale à l'Ecole de chirurgie
de Grenoble établie en 1802.

Jean-Baptiste Bilon, ancien chirurgien de l'hôpital de
la Providence et de l'hôpital général de Grenoble, dont
il fut l'un des directeurs; chirurgien en chef des hospices
de Grenoble, professeur de pathologie générale et de clinique externe à l'Ecole de chirurgie fondée en 1802, et
successivement de l'Ecole de médecine et de pharmacie
établie en 1806; président du Comité central de vaccine
de l'Isère (1802), de la Société de médecine (1803-1804),
et membre de la Société des sciences et arts de Grenoble.

François-Marie-Hippolyte Bilon, fils du précédent, né
à Grenoble en 1780, élève de Bichat et de Boyer; professeur de physiologie et d'opérations chirurgicales à
l'Ecole de chirurgie fondée à Grenoble en 1802, et à
l'Ecole de médecine et de pharmacie établie dans la même

ville en 1806 ; chirurgien à l'hôpital civil, membre de la
Société des sciences et arts de Grenoble, membre de la
Légion d'honneur, mort d'une affection de poitrine, le 29
octobre 1824.

François Billerey, né vers 1766, à Saint-Maximin
(Isère), docteur en médecine de la Faculté de Paris, professeur de principes de médecine à l'Ecole de chirurgie
de Grenoble, puis de matières médicales, de thérapeu-
tique et de clinique interne à l'Ecole de médecine et de
pharmacie de la même ville ; devenu médecin en chef de
l'hôpital civil, mort à Brié, le 27 octobre 1839.

Bernard Fournier, né à Grenoble, le 4 juillet 1768,
devenu membre du Comité de vaccine du département
de l'Isère, professeur d'anatomie descriptive à l'Ecole
de chirurgie de Grenoble, et successivement à l'Ecole de
médecine et de pharmacie de la même ville, membre du
Comité de vaccine du département de l'Isère, chirurgien
à l'hôpital civil, membre de la Légion d'honneur, décédé
à Grenoble, le 10 août 1829.

1 janvier 1800. — Ouverture d'un cours de dessin,
établi par Louis-Joseph Jay, ancien professeur de dessin
à Montpellier, professeur de dessin à l'Ecole centrale du
département de l'Isère. C'est à ce peintre, né, d'après M.
A. Rochas, à Saint-Hilaire-de-la-Côte (Isère), le 8 mars
1755, que l'on doit la création du Musée de peinture et
de sculpture de Grenoble, dont nous aurons à parler ultérieurement.

1er mars 1800. — Obsèques de Joseph-Antoine Lemaistre, homme du plus grand mérite et avocat fort distingué. Reçu avocat au barreau du Parlement de Grenoble, le 1er février 1758, après avoir fait ses études à
l'Université d'Orange, il devint juge des terres du Chapitre de l'église cathédrale de Grenoble, des religieuses
dominicaines de Montfleury et de la famille de Virieu ;

puis, en 1790, président du tribunal criminel du département de l'Isère, fonctions qu'il occupa jusqu'à sa mort.

3 mars 1800. — Installation, comme maire de Grenoble, de Joseph-Marie de Barral de Montferrat, nommé par arrêté du Premier Consul du 8 germinal an VIII (29 mars).

Les diverses biographies concernant ce magistrat (1), offrant quelques lacunes et quelques inexactitudes, on nous permettra de relater ici les diverses fonctions auxquelles fut successivement appelé M. de Barral.

Joseph-Marie de Barral, marquis de Montferrat, fils de Charles-Gabriel-Justin de Barral de Rochechinard, conseiller au Parlement de Grenoble, était né dans cette dernière ville, le 21 mars 1742. Après avoir fait son droit à l'Université de Valence, il entra au barreau du Parlement, le 9 août 1759. Devenu conseiller à cette cour le 31 mars 1762, et ensuite président le 11 avril 1764, il embrassa avec ardeur les idées révolutionnaires, et fut l'un des fondateurs de la Société patriotique des Amis de la Constitution. Il fut ensuite lieutenant-colonel de la Garde nationale de Grenoble (1789); président de l'Académie delphinale; maire de Grenoble (février-nov. 1790); président de l'Assemblée administrative et du Directoire du département de l'Isère (15 juillet-3 novembre 1790); président du tribunal du district de Grenoble, et ensuite du tribunal civil du département (1790); juge de la Cour de cassation (2 mars 1791); chef divisionnaire de la garde nationale du district de Grenoble; maire de Grenoble (décembre 1792, réélu en juillet 1793 et le 27 juillet 1794); haut-juré de la Haute-Cour de justice (17 octobre 1795); membre de l'administration centrale du département de

(1) Albin Gras : *Deux années de l'histoire de Grenoble (Bulletin de la Société de statistique,* 2ᵉ série, t. 1, p. 166). — A. Rochas : *Biographie du Dauphiné.*

l'Isère (11 mai 1799); maire de Grenoble de nouveau (29 mars-21 juillet 1800); président unique du tribunal d'appel de Grenoble (juillet 1800), puis premier président du même tribunal (1804), et de la Cour impériale (1811-13 décembre 1815); président du collège électoral de l'arrondissement de Grenoble (1803); membre du Corps législatif (27 décembre 1803-1809), et membre de la députation de ce corps au Premier Consul. Il mourut à Grenoble le 14 juin 1828. L'Empire l'avait créé baron, puis comte et membre de la Légion d'honneur.

Avril 1800. — Durant le cours de ce mois, un grand nombre de jeunes Grenoblois s'enrolèrent dans la légion des Volontaires à cheval qui se formait à Paris, et s'équipèrent à leurs frais.

Vers la fin du même mois, une grande quantité de troupes de toutes armes passèrent à Grenoble, se rendant du côté du Mont-Cenis.

5 avril 1800. — Installation du premier préfet du département de l'Isère, Gabriel-Joseph-Xavier Ricard, ancien député de Provence à l'Assemblée constituante, en 1789; procureur général syndic du département du Var; successivement commissaire général civil près de l'armée d'Italie, et commissaire du gouvernement près de l'administration centrale du même département, nommé par arrêté du Premier Consul du 12 ventôse an VIII (2 mars).

Tous les corps militaires, civils et judiciaires, précédés d'une musique nombreuse, allèrent le prendre à son hôtel et le conduisirent à la préfecture, où il prononça ces paroles : « *J'ai accepté les fonctions dont le gouvernement a bien voulu m'honorer, pour rendre la justice, faire respecter les lois, réunir tous les partis, et pour être le soutien des citoyens honnêtes. Ma porte sera toujours ouverte à la probité, aux talents et à l'infortune.* » Plusieurs coups de canon ont ensuite annoncé son installation. « *Le soir,* ajoute le Courrier de Grenoble, *toute la ville manifesta par des illumi- nations spontanées une joie que la crainte tenait depuis si longtemps en suspens.* » Le même journal rapporte que le préfet ayant été invité à vouloir bien honorer le spectacle de sa présence, il aurait répondu : « *Que ses occupations ne lui permettaient point en- core de délassement, que sa visite aux hôpitaux n'était pas encore faite, et que, dès qu'il aurait par- couru l'intéressant asile du pauvre, il pourrait, avec plus de satisfaction, aller à la Comédie.* »

11 mai 1800. — Représentation, au théâtre, de la pièce « *le Collatéral et le Présent,* » au bénéfice des habitants de Sinard, dont le village avait été complète- ment détruit par un incendie dû à la malveillance.

Le même jour, était arrivé à Grenoble un courrier extraordinaire, envoyé de Genève par le Premier Consul, donnant ordre de lui expédier immédiatement toutes les pièces d'artillerie et toutes les munitions de guerre que contenait cette ville.

5 juillet 1800. — Installation solennelle du tribunal d'appel et du tribunal de première instance de Grenoble. Plusieurs discours furent prononcés par Gabriel-Joseph- Xavier Ricard, préfet de l'Isère ; Marie-Joseph de Barral, président du tribunal d'appel ; Alexandre Royer-De- loche (1), commissaire public près le même tribunal, et

(1) Alexandre Royer, né à Grenoble le 1er mars 1756, fut reçu avocat au Parlement de cette ville le 1er décembre 1775, puis, quelques années plus tard, avocat consistorial. Il devint ensuite, successivement : membre du Corps municipal de Gre- noble (février 1790); juge-président du tribunal du district de la Tour-du-Pin (1790); membre de l'assemblée administra-

Gabriel Perreton (1), président du tribunal de première instance (2).

Le tribunal d'appel, divisé en deux sections, se composait d'un président, d'un vice-président, de vingt juges, d'un commissaire ou accusateur public, et d'un substitut. En 1804, il prit le nom de Cour d'appel, et un second président et un procureur général remplacèrent le vice-président et le commissaire du gouvernement. En 1808, on ajouta à cette cour six juges auditeurs.

---

tive du département de l'Isère (1792): député suppléant à la Convention (17 novembre 1792). Le 27 juin 1793, un arrêté des représentants du peuple Dubois-Crancé, Albitte et Gauthier, le destitua et le mit en état d'arrestation; mais un décret de la Convention, rendu le 6 juillet, sur la proposition de Couthon, ordonna sa mise en liberté. Depuis, il fut commissaire du Directoire exécutif près le tribunal civil du département de l'Isère (1797); commissaire public près le tribunal d'appel (1800); procureur général près la Cour d'appel et la Cour impériale (1804-1816). Cette dernière année, il fut destitué, recevant pour dédommagement le titre de président honoraire. Appelé à être maire de Grenoble, le 14 octobre 1818, il exerça cette nouvelle magistrature jusqu'au mois d'août 1820 : il mourut à Avignonnet, le 8 septembre 1842, et fut enterré au cimetière de Saint-Roch, de Grenoble. Il était membre de la Légion d'honneur.

(1) Gabriel Perreton, ancien avocat au Parlement de Grenoble, et ancien juge de diverses judicatures, fut nommé juge au tribunal civil du département de l'Isère, puis président du tribunal civil de l'arrondissement de Grenoble (juillet 1800), et enfin juge au tribunal d'appel de la même ville (1801). Destitué sous la Restauration, il se fit inscrire au tableau de l'Ordre des avocats, dont il devint bâtonnier; fut élu député de l'Isère à la Chambre des représentants, en mai 1815, et mourut à Grenoble, sa ville natale, le 9 février 1836, à l'âge de soixante-dix ans.

(2) Ces discours sont reproduits dans le *Journal de Grenoble*, n° 412.

Le tribunal de première instance fut composé d'un président, de trois juges, de trois suppléants, d'un commissaire du gouvernement, remplacé en 1804 par un procureur impérial, et d'un substitut.

14 juillet 1800. — Célébration de la fête de la Concorde et pose de la première pierre d'un monument **(1)** élevé à la mémoire des braves du département morts au champ d'honneur durant les dernières guerres soutenues par la République. Voici en quels termes le *Journal de Grenoble,* n° 415, rend compte de cette solennité :

« *Depuis la révolution, il n'y avait eu si grande affluence. Des salves d'artillerie, répétées d'heure en heure, la garde nationale et toute la garnison sous les armes, la présence des autorités civiles et militaires, des courses à pied et à cheval, des illuminations générales, des feux d'artifice, des danses et des symphonies publiques, tout enfin a signalé cette fête de la Concorde, qui a été en même temps celle de la reconnaissance que la patrie doit à ses généreux défenseurs, et c'est pour transmettre à la postérité les noms des braves de ce département morts au champ d'honneur qu'a été élevée la colonne dont le préfet a posé la première pierre, en prononçant un discours des plus pathétiques.* »

15 octobre 1800. — Installation de Charles Renauldon comme maire de Grenoble, fonctions auxquelles il avait été appelé par arrêté du Premier Consul, du 28 fructidor an VIII (14 septembre 1800), en rempla-

---

(1) Nous ne savons où fut élevé ce monument, mais il est probable que ce fut dans le cimetière établi lors de l'épidémie de l'an VIII, près du chemin de Fontaine, au lieu des Pourettes et à peu de distance de la rivière du Drac, cimetière supprimé lors de la création du cimetière actuel, en 1810.

cement d'Alexandre-Royer Deloche, non acceptant.

Charles Renauldon était né à Grenoble le 16 février 1757. Après avoir fait ses études de droit à l'Université d'Orange, il s'était fait recevoir au Barreau du Parlement de Grenoble, le 16 juillet 1778 ; depuis, il fut successivement membre du corps municipal de sa ville natale en 1795, maire de 1800 au mois d'avril 1815, et membre de la Chambre des représentants (mai-août 1815).

Déjà, en 1803, il avait été proposé candidat au Corps législatif par le collége électoral de Grenoble, et l'année suivante il avait assisté, comme maire de l'une des trente-six premières villes de France, à la cérémonie du sacre de l'empereur. Il mourut à Grenoble le 22 mars 1824. Il était chevalier de la Légion d'honneur (février 1805) et baron de l'Empire.

Renauldon a laissé à Grenoble de nombreux souvenirs de son administration ; c'est en effet durant sa longue magistrature qu'ont été créées des soupes économiques pour les malheureux, que la halle au blé a été installée dans l'ancienne église des Dominicains, qu'a été tracée et plantée la belle promenade de l'Esplanade de la Porte de France, qu'a été percée la rue des Récollets et qu'a été réorganisé le corps si utile des sapeurs-pompiers. On lui doit encore les premiers essais de pavage des rues, de sensibles améliorations dans l'éclairage public et la propreté des rues, de grandes réparations aux digues du Drac, à l'hôtel et au jardin de ville. Mais l'institution à laquelle le nom de Renauldon restera particulièrement attaché est celle des sociétés de secours mutuels, à la création et à l'organisation desquelles il ne cessa d'apporter constamment son bienveillant concours. Aussi, la municipalité de Grenoble reconnaissante a-t-elle donné, il y a quelques années, le nom de Renauldon à l'une de nos rues.

21 octobre 1800. — Les officiers de tous grades de la garnison de Grenoble envoient une adresse à Bonaparte, Premier Consul, après l'attentat dont il avait été l'objet le 10 octobre précédent. La municipalité en adressa également une le 25 du même mois, conçue en ces termes : « *L'hommage le plus flatteur pour le chef d'u.: gouvernement est de voir ses concitoyens craindre et trembler pour ses jours. Ce sentiment est partagé par tous les Français qui aiment la gloire et le bonheur de leur patrie ; il s'est manifesté dans cette ville avec une vive é.. otion en apprenant le complot dirigé contre votre personne. Recevez l'expression de notre indignation profonde et de notre sincère dévouement. Salut* (1). »

Moins de trois mois plus tard, un nouvel attentat ayant été dirigé contre le Premier Consul, le 24 décembre, la municipalité de Grenoble fit de nouveau parvenir à Bonaparte une adresse que nous croyons devoir reproduire (2 janvier 1801) : « *Général Consul, encore un nouvel attentat......... et malgré nos pressantes sollicitations vous avez négligé le soin de veiller sur vos jours ; si vous croyez avoir assez vécu pour notre gloire et pour l'immortalité, vous vous trompez, citoyen Consul : vous êtes responsable aux yeux de la postérité du bonheur de l'Europe et de la République française. Quel avenir affreux pesait sur nous, si ce crime horrible eût été consommé ! Vous devez à notre tranquillité et à votre sagesse la punition des coupables......... Les monstres ont changé les hymnes de la victoire et de la paix en cris d'horreur et d'indignation. Nous le répétons avec la France entière et nous vous renouvelons l'expression*

(1) Archives de la Ville : Registres de la correspondance, an IX.

de notre durable attachement. Nous sommes avec respect..... (1). »

23 octobre 1800.— Première opération, à Grenoble, de la vaccination, pratiquée par Dominique Villar fils sur son unique enfant, âgé pour lors de cinq mois, avec un fil imprégné de virus vaccin, que lui avait envoyé de Genève le docteur Odier.

Dominique Villar, né comme son père, le célèbre botaniste, au Villar, commune du Noyer (Hautes-Alpes), le 23 mai 1774, fut le premier et le plus fervent propagateur, dans notre département, de l'immortelle conquête médicale de Jenner. Villar a laissé divers mémoires sur la vaccine, notamment les suivants : Article sans titre et non signé inséré dans le *Journal de Grenoble*, n° 439, du 2 septembre 1800. — *Observation sur la vaccine*, Grenoble, J. Allier, germinal an IX, in-4° de 8 pages. — *Sur la vaccine*, Grenoble, Ferry, in-4° de 8 pages. — *Rapport sur la vaccine, lu à la séance publique de la Société de médecine de Grenoble, le 5 frimaire an XI*, Grenoble, J.-H. Peyronard, in-4° de 20 pages. (Ces deux derniers mémoires ont été faits en collaboration avec le docteur Gabriel Silvy.)

Après avoir été chirurgien à l'hôpital militaire de Grenoble, membre de la Société de médecine et professeur de principes de médecine à l'Ecole de chirurgie de la même ville (1802), Villar fut nommé chirurgien en chef de l'hôpital d'Alexandrie, en 1803.

La Société de médecine de Grenoble et l'administration départementale de l'Isère firent tous leurs efforts pour propager la vaccine et surmonter l'inconsciente résistance des masses.

Un comité central de vaccine fut formé à Grenoble,

(1) Archives de la Ville : Reg. de la correspondance.

dans le sein de la Société de médecine, par arrêté du préfet du 4 décembre 1802 (1), et un grand nombre d'opuscules, concernant les bienfaits de l'inoculation, furent répandus à profusion, entre autres : *Instruction sur la vaccine, rédigée sur l'invitation du préfet du département de l'Isère, par la Société de santé de Grenoble*, Grenoble, Allier, in-4° de 8 pages (2). — *Arrêté du préfet du département de l'Isère relatif à la propagation de la vaccine et à l'extinction de la petite vérole*, Grenoble, Allier, in-4° de 8 pages (3). — *Les membres composant le Comité central de vaccine, établi à Grenoble, aux officiers de santé du département de l'Isère*, Grenoble, J. Allier, in-8° de 16 pages. — *Rapport sur la vaccine*, fait à la Société de santé, le 9 janvier 1801, par Silvy.

31 décembre 1800. — Inauguration du musée de peinture et de sculpture installé dans les salles de l'ancien évêché de Grenoble. Organisé par les soins de Louis-Joseph Jay, dont nous avons déjà eu l'occasion de parler (4), cet établissement avait été créé par un arrêté de l'administration centrale du département de l'Isère, du 17 février 1798, approuvé par le ministre de l'Intérieur,

---

(1) Ce comité fut composé, à sa création, des docteurs Bilon, président, Chanoine, Silvy, Fournier et Comte.

(2) Ce rapport fut rédigé par les docteurs Bilon, Trousset, Silvy, Fournier, Villar fils et Morelot, dans le mois de mars 1801.

(3) Cet arrêté est du 1er mai 1804.

(4) Voir sur l'établissement du musée les brochures suivantes : *Etablissement à Grenoble d'un Muséum public ou Collection de Tableaux et de Dessins de grands Maîtres ; proposé à l'Administration centrale du ... artement de l'Isère.* Grenoble, Giroud. in-8 de 20 p. — ... *sse du citoyen Jay, conservateur du Musée établi à Grenoble, à ses concitoyens.* Grenoble, Giroud, in-8 de 16 p.

le 3 avril 1800. Ce musée fut formé des objets d'art recueillis par l'administration départementale, lors de la vente des biens nationaux, des tableaux faisant partie de l'ameublement de l'ancien hôtel de Lesdiguières, qu'avait acquis la ville le 5 août 1719, de la famille de Villeroy, des dons du gouvernement et des achats faits avec le produit de souscriptions.

Les objets d'art qu'avait recueillis l'administration centrale comprenaient : six statues de grandeur naturelle, représentant les vertus, deux anges soutenant une couronne de fleurs, et deux lions en bronze, œuvre du sculpteur lyonnais Jacques Mimerel (1); seize tableaux de différentes écoles, attribués aux peintres Ribera dit l'Espagnolet, Andrea Sacchi, Carlo Maratta, Jacques Stella, Hallé, etc.; sept copies représentant : l'Ecole d'Athènes, la bataille de Constantin, la dispute du Saint-Sacrement, saint Léon allant au-devant d'Attila, et Héliodore chassé du temple (2), d'après Raphaël; le martyre de saint André, d'après le Dominiquin, et la descente de Croix, d'après Daniel de Volterre, le tout provenant de l'ancienne abbaye de Saint-Antoine de Viennois; — trente-cinq fragments de mosaïques, frises et statues antiques, dont un beau torse d'Apollon, provenant de la ville de Vienne; — quinze toiles attribuées à Brenet, Frontier,

---

(1) Ces divers objets d'art faisaient partie de l'autel que l'abbé de Saint-Antoine, Jean de Rasse, avait commandé en 1667 au sculpteur Mimerel, de Lyon, pour le prix de 10,000 livres. Les lions seuls sont encore au Musée : quant aux autres statues, le père Dassy nous apprend que diverses personnes lui avaient affirmé, sur preuves, que, sous une ancienne administration, comme la ville était endettée, un maire de Grenoble les avait vendues à un chaudronnier qui les avait fait fondre !!! (L'Abbaye de Saint-Antoine, p. 451). On trouvera dans le même ouvrage une description détaillée de cet autel.

(2) Les deux dernières de ces copies ont disparu du Musée sous l'administration de M. Renauldon.

2

Greuze, Lagrenée le jeune, etc., venant des propriétés
nationales de l'arrondissement de la Tour-du-Pin; —
dix-huit tableaux attribués à Philippe de Champaigne,
La Hire, Stella, etc., et vingt-trois copies retraçant la
vie de saint Bruno, d'après Lesueur (1), tirés du monastère de la Grande-Chartreuse; — vingt-cinq tableaux
attribués à Carlo Maratta, Restout, Gerard-Seghers, Th.
Blanchet, Pierre Mignard, Hermann, Fouquières, Sal-
vator Rosa, Vanderkabel, Millet dit Francisque, etc.;
dix-sept grandes toiles peintes par le frère André, domi-
nicain du couvent de Grenoble, et retraçant des scènes
de la vie du Christ (2); dix médaillons en marbre, représentant les bustes des Dauphins; le mausolée du chevalier
Bayard (3), le b..... e en marbre du pape Benoît XIV, la

---

(1) Ces copies, que l'on dit avoir été faites sous les yeux de
ce grand peintre, et même retouchées par lui, ont été resti-
tuées, ainsi que plusieurs autres toiles (Canonisation de saint
Bruno, portrait du prieur général Dom le Masson, etc.), aux
Chartreux, en 1825.

(2) Ces toiles, qui or.....ent, avant la Révolution, l'église des
Frères prêcheurs de Grenoble, convertie aujourd'hui en halle
aux blés, ont été, sur une autorisation du préfet de l'Isère du
15 janvier 1805, réparties dans les diverses églises paroissiales
de cette ville, de la manière suivante : à Notre-Dame, le Christ
guérissant les aveugles de Jéricho, son entrée dans Jérusalem,
le lavement des pieds, les noces de Cana; à Saint-Louis, le
Christ chassant les vendeurs du temple, le Christ guérissant
les malades, la résurection de Lazare et la Chananéenne; à
Saint-André, la multiplication des pains, la Samaritaine, le
baptème de saint Jean et le Christ guérissant un malade; à
Saint-Laurent, le Christ servi par des anges et le Christ donnant les clefs à saint Pierre; à Saint-Joseph, enfin, le Christ
au milieu des docteurs, l'adoration des bergers et le Christ au
Jardin des Olives.

(3) Ce mausolée, érigé au chevalier Bayard par Scipion de
Polloud, vers le milieu du XVII° siècle, dans l'église des Mini-
mes de la Plaine, près Grenoble, se trouve actuellement dans
l'église de Saint-André, où il fut transféré en 1803.

statue équestre en bronze et en demi-bosse du connétable de Lesdiguières (1); un groupe en marbre représentant l'Espérance allaitant l'Amour, et enfin sept tombeaux et inscriptions antiques, provenant des domaines nationaux de l'arrondissement de Grenoble.

Les premiers dons du gouvernement se composèrent de quelques toiles de prix dont on trouvera l'indication dans le livret actuel du Musée, et de plâtres moulés sur l'antique (l'Apollon du Belvédère, le Gladiateur Borghèse, Castor et Polux, l'Hermaphrodite, la Vénus de Médicis).

De l'ancien hôtel de Lesdiguières, provenaient, entre autres, un paysage et une marine de Claude Gellée, dit le Lorrain, et les portraits en pied d'Henri IV et du connétable de Lesdiguières.

Enfin, avec les souscriptions de divers habitants (2) et de cinquante-cinq élèves de l'Ecole centrale du département, qui atteignirent la somme de 3,463 francs 50 cent., l'on fit l'acquisition de cinquante-huit tableaux et de cent quatre-vingt-quinze dessins ou gravures qu'avait, pour la plupart, recueillis le professeur Jay, lors d'un voyage qu'il avait fait en Italie, en l'an IV.

Le nombre des objets composant le Musée, à sa création, était de 703 (3).

Nous avons le regret de constater qu'un grand nombre

---

(1) Cette statue a été replacée au-dessus de la porte de la cour d'honneur du château de Vizille.

(2) Les premiers souscripteurs furent : Lenoir-Laroche, Jubié, Alricy, Génissieux, Decomberousse, Mallein, Français, Nugue, Boisvert, Pison-du-Galand fils, Pâque, Didier, Bourcet père et fils, Bourguignon, Pisançon aîné, Billon-Dégallières, Lanfrey, Lethié, Dubouchage, Hercuiais, Fontanille, Servonat, Prunelle, Toscan, Chanel, Orcellet, Peraud, Teste-le-Beau, Chabons, Flory, Sillans, Savoye-Rollin, Pascal, Dulin.

(3) Archives de l'Isère : Pièces concernant le Musée de Grenoble, série T 9.

des objets d'art et des tableaux réunis lors de la création du musée, n'y figurent plus aujourd'hui. Tandis que les uns ont été restitués à leurs anciens propriétaires, d'autres ont été vendus et même donnés sous l'administration de M. Renauldon, maire de Grenoble. D'autres enfin ont été distraits de 1802 à 1825 pour servir à l'ornementation des églises, chapelles et édifices publics de la ville. C'est avec plaisir que nous constaterons que M. Alexandre Debelle, conservateur actuel, a été assez heureux pour retrouver la plupart de ces derniers tableaux qui, par ses soins, ont été réintégrés dans le musée. Espérons que le martyre de Saint-André, de Jean Restout (1) et une Hérodiade d'Allori qui se trouvent encore dans l'église de Saint-André, ne tarderont pas à reprendre également dans nos riches collections la place honorable qu'ils n'auraient jamais dû quitter. Nous croyons devoir, en outre, faire remarquer que plusieurs toiles attribuées, lors de la formation du musée, à des peintres de premier ordre, ont été reconnues depuis n'être point l'œuvre de ces maîtres, et figurent encore dans notre musée, mais avec une attribution différente.

Pour en revenir à l'inauguration, ajoutons que des discours furent prononcés lors de cette solennité devant un auditoire des plus nombreux et des mieux choisis, par le préfet de l'Isère, le général Joubert de la Salette (2)

---

(1) Cette toile provenait de l'ancienne église collégiale de Saint-André de Grenoble. Sujette à être abîmée lors de restauration faite aux escaliers de l'ancien évêché, le maire de Grenoble, sur une autorisation du préfet, la fit transporter en mars 1803, dans l'ancienne église de Saint-André qui servait de salle décadaire et qui ne fut rendue au culte qu'en 1804.

(2) Pierre-Jean Joubert de la Salette, musicien distingué, né à Grenoble en 1762, était alors ancien général de brigade, inspecteur d'artillerie et membre du jury d'instruction publique du département de l'Isère. Il mourut en 1832.

et Louis-Joseph Jay. Le discours de ce dernier se trouve reproduit dans le *Journal de Grenoble*, n° 504, ainsi qu'une pièce de vers qui lui fut adressée par Dubois-Fontanelle et commençant ainsi :

> Il est ouvert ce monument
> Qu'ont élevé tes soins, tes travaux, ta constance :
> Il t'assure à jamais de ce département
> L'éternelle reconnaissance.

Louis-Joseph Jay resta conservateur jusqu'en 1815, époque à laquelle il fut destitué. Il se retira ensuite à Vienne, où il mourut le 7 juillet 1836. L'Académie des Beaux-Arts l'avait élu, le 20 août 1814, membre correspondant ; il a laissé un ouvrage intitulé : *Recueil de lettres originales des plus grands maîtres dans la peinture, la sculpture et l'architecture.*

25 janvier 1801. — Ouverture de soupes économiques pour les malheureux, dans les anciens bâtiments du couvent de Sainte-Claire, situés rue Pertuisière. Dans la suite, cette œuvre de bienfaisance fut réunie à l'hôpital général.

15 avril 1801. — Exécution à onze heures du matin, sur la place Grenette, d'Anne Darlay, âgée de 36 ans, condamnée à la peine de mort par le tribunal criminel de Grenoble, le 5 avril, pour crimes de vols et d'incendies. Depuis cette date jusqu'en 1805, douze exécutions eurent lieu à Grenoble, savoir : le 16 octobre 1801, celle des sieurs Rosset et Pillet, du département du Mont-Blanc, condamnés, le 14 août précédent, pour crime d'assassinat ; — le 24 avril 1802, celle de Marie Jacquin, veuve Jayet, et de son amant, Claude Izoard, de Voiron, condamnés pour crime d'empoisonnement sur la personne dudit Jayet ; — le 4 décembre de la même année, celle de Fleury Baumet et de Marianne Roy, veuve de Joseph Bonvallet, de Meyriez, condamnés pour crime d'assassinat de ce dernier ; — le 5 février 1803, celle de François Chevalier, du département du Léman, et de Joseph André, piémontais, condamnés pour double assassinat commis dans la commune d'Amblagneux ; — le 25 juin 1803, celle de François Guillermier, des Avenières, âgé de 21 ans, condamné pour assassinat de sa femme ; — le 10 août suivant, celle de Thérèse Marchand, âgée de 22 ans, native d'Entremont, condamnée pour incer...ies ; — enfin, en 1804, celle de Pierre Vallet, des Côtes-d'Arey, condamné le 7 mars pour attaque à main armée sur une route, et de Joseph Broche, d'Allevard, condamné le 12 du même mois pour fratricide.

Juin 1801. — Fondation à Grenoble d'une société littéraire, poétique et artistique, sous le nom de : Société Anacréontique. Les premiers membres qui la composèrent furent : Denis Morellot, officier de santé ; Salauson ; Aug. Bardel, qui rédigea les Annales du département de l'Isère, de 1803 à 1808 ; Marc-Antoine-Marie Crépu, avocat ; M.-J. Benoît, avocat ; Dispos ; Antoine-Hyacinthe-Claude-Marie Gariel, avocat, devenu plus tard conseiller à la Cour d'appel de Grenoble ; Romain-Yves Perrin, avocat ; Mourat ; Jacques Pellat, avocat ; Dupuy ; Jean-Baptiste Comte, médecin, et enfin Ferry, imprimeur. Cette société devait publier, tous les trois mois, un recueil par livraisons de 150 pages ; la première seule a paru sous le titre : *Accès (les) de fièvre d'une Société anacréontique.* Grenoble, Ferry, 1801, in-12 de 132 pages. En 1806, elle comptait encore 20 membres résidants, 20 correspondants et 5 membres honoraires ; mais, en 1807, on ne trouve plus aucune trace de son existence.

5 juin 1801. — Organisation à Grenoble d'une Commission du commerce, des arts et de l'agriculture, créée par un arrêté du préfet en date de ce jour, ensuite d'une invitation faite par une circulaire du ministre de l'intérieur du 6 mai précédent.

Cette commission était chargée de présenter à l'administration l'état des arts dans le département de l'Isère en 1789 ; de faire connaître les causes des variations et de tous les changements qui y étaient survenus ; d'indiquer les nouveaux genres d'industrie qu'on pouvait créer, soit pour ajouter au commerce déjà existant, soit pour remplacer les branches qui étaient perdues. Les premiers membres qui firent partie de cette commission furent : Dausse, ingénieur des ponts et chaussées ; Jourdan, ancien secrétaire à l'intendance ; Antoine Barthelon, négociant ; Henri–Sébastien Dupuy, professeur de mathématiques, et Camille Teisseire, négociant.

1er août 1801. — Arrêté des Consuls, du 13 thermidor an IX (1er août), établissant à Grenoble une Bourse de commerce, avec quatre charges d'agents de change.

24 août 1801. — Décès, à Grenoble, de François Pison–du–Galland père, avocat et magistrat distingué, homme doué de beaucoup d'esprit et d'un naturel vif et fort aimable. Fils de Jacques Pison, docteur en médecine, et de Marthe Boriat, il s'était fait inscrire au Barreau du Parlement de Grenoble, le 12 décembre 1740, devint ensuite avocat consistorial et conseiller au Parlement, le 22 janvier 1772, charge qu'il occupa jusqu'au rétablissement, en 1775, des membres de l'ancien Parlement. Il mourut à l'âge de 84 ans. Son fils, Alexis–François Pison–du–Galland, député aux États de Vizille, à l'Assemblée constituante, au Conseil des Cinq-cents, qu'il présida en 1798, et au Corps législatif, fut l'une des gloires de l'ancien Barreau de Grenoble, et l'un des hommes politiques les plus éminents du département de l'Isère.

Septembre 1801. — Départ du général de brigade

Bragard, commandant d'armes de la ville de Grenoble, pour se rendre à Rouen, où l'appelait un nouveau commandement; il emporta les regrets de tous les habitants de notre ville, qu'il commandait depuis 1791. Il fut remplacé par le général Desdorides, homme de lettres de mérite, qui mourut à Grenoble le 25 novembre de la même année.

8 septembre 1801. — Débuts d'un cirque dont le directeur, Tourniaire, était l'un des plus forts écuyers de l'époque. Ce Tourniaire était natif de Grenoble, où il avait appris, dans son jeune âge, le métier de gantier.

23 septembre 1801. — Célébration de la fête du dixième anniversaire de la fondation de la République et distribution des prix aux élèves de l'école centrale du département de l'Isère. Cette fête fut annoncée la veille et le matin par des salves d'artillerie; les gardes nationales prirent les armes et tous les habitants fermèrent leurs ateliers. A neuf heures, les autorités, les professeurs et les élèves de l'école centrale formant des groupes au centre desquels plusieurs élèves portaient les prix et les couronnes, destinés aux vainqueurs, sur des brancards ornés de guirlandes de fleurs et de verdure, se rendirent au temple décadaire, accompagnés d'un détachement de troupes et suivis d'un nombre considérable de citoyens. Arrivé au temple, les élèves déposèrent les prix et les couronnes sur l'autel de la Patrie. Après l'exécution d'une symphonie, le conseiller de préfecture du Bouchage, remplissant les fonctions de préfet en l'absence de M. Ricard, prononça un discours et ensuite eut lieu la distribution des prix. Au nombre des élèves couronnés se trouvait Louis-Joseph Vicat, de Nevers (1),

_____

(1) Il obtint le premier prix de Belles-Lettres.

qu'ont depuis illustré ses importantes découvertes industrielles.

A la chute du jour, les établissements publics et un grand nombre de maisons particulières furent illuminés malgré le mauvais temps qui empêcha diverses évolutions militaires, un exercice à feu et un feu d'artifice (1).

Octobre 1801. — Arrivée dans les murs de notre ville de l'état-major et d'une partie du 4e régiment d'artillerie, venant de Valence. Ce régiment devait concourir à la nouvelle formation de l'ancienne école d'artillerie fondée à Grenoble en 1680 (2) et transférée à Valence en 1796, à la suite de vives discussions entre les consuls de la ville et le commandant de l'école, qui avait sollicité ce changement avec beaucoup d'instances et avait fini par l'obtenir. L'école d'artillerie de Grenoble avait bien été rétablie dès l'ouverture des campagnes de la République, en 1792, sur la demande de l'administration départementale; mais jusqu'en 1801, à cause des guerres continuelles que soutint la France, il n'y avait eu dans cette ville qu'un dépôt d'artillerie, appelé le bataillon des Cinq-cents, composé de jeunes soldats formés aux manœuvres et envoyés à leur corps aussitôt qu'ils étaient trouvés suffisamment exercés; ce corps était le 4e d'ar-

---

(1) *Procès-verbal de la célébration de la fête du 1er vendémiaire an X, et de la distribution des prix aux élèves de l'école centrale du département de l'Isère.* Grenoble, P. Cadou et David, in-4° de 16 pages.

(2) Cette école fut l'une des cinq premières écoles qui furent créées, cette année, par Louis XIV, et qui furent placées à La Fère, à Metz, à Strasbourg, à Grenoble et à Perpignan. Un régiment d'artillerie fut en même temps fixé dans chacune de ces villes et prit le nom de la ville de sa résidence. Indépendamment du cours régimentaire, il y avait dans ces écoles des cours spéciaux pour les élèves qui y étaient envoyés comme officiers.

tillerie, qui avait remplacé l'ancien régiment d'artillerie
de Grenoble.

Pour faciliter les manœuvres et les exercices de l'école,
la municipalité de Grenoble fit de grands sacrifices;
elle acheta, entre le Drac et l'Isère, un terrain considérable, de la contenance de cent quatorze hectares, et qui
coûta 154,000 francs (1). Pendant les années 1803, 1804
et 1805, le 4ᵉ d'artillerie, alors commandé par le colonel
Rutty, devenu ensuite lieutenant-général, travailla acti-
vement au nivellement et aux reliefs du polygone, ainsi
qu'aux bâtiments qui lui étaient nécessaires.

Le jour de la Sainte-Barbe de la même année 1801,
fête des canonniers, il y eut, à l'occasion du retour de ce
corps, une fête de nuit magnifique, terminée par un feu
d'artifice, le plus considérable et le plus beau qu'on eût
vu depuis longtemps. Le matin, le régiment d'artillerie
avait fait célébrer une messe solennelle dans l'église de
Saint-Louis, et le soir les officiers de ce corps donnèrent
dans la salle des Concerts un grand dîner où furent invités, avec les autorités administratives, les premiers magistrats et les personnages les plus distingués de la
ville. Il y avait alors treize ans que la fête de sainte
Barbe, anciennement chômée avec pompe par les canonniers, n'avait pas été célébrée à Grenoble.

En 1806, l'école d'artillerie de Grenoble fut transférée
à Alexandrie, alors chef-lieu du département de Ma-
rengo, où elle est restée jusqu'au moment de l'évacuation de l'Italie par les troupes françaises, en 1814, époque
où elle a été rendue à la première de ces villes. Elle fut
une troisième fois enlevée à Grenoble, immédiatement
après les Cent-jours, par une sorte de punition de ce que

---

(1) L'ancien polygone occupait un emplacement assez spa-
cieux, le long du chemin du Moulin de Canel, entre ce moulin
et la brasserie de la Frise, c'est-à-dire à peu près tout le quartier actuel de la Gare.

ses habitants avaient reçu Napoléon à son retour de l'île d'Elbe (1).

Après la révolution de juillet 1830, Grenoble eut un instant l'espoir de rentrer en possession d'une école d'artillerie; mais cet espoir fut presque aussitôt déçu. Honoré-Hugues Berriat, maire de la ville, renouvela, en 1841, la demande de cette école; il exposa, dans deux mémoires adressés au ministre de la guerre, qu'il était de toute justice, aussi bien que d'une bonne administration, de rendre cet établissement à une ville écrasée sous le poids des charges que lui imposait l'agrandissement de son enceinte, effectué dans le seul intérêt de la défense du royaume. Le ministre de la guerre parut d'abord se rendre à ces motifs, mais la question pécuniaire fit tout suspendre pour le moment. Enfin, l'école d'artillerie a été rétablie en 1857. L'officier supérieur chargé de son organisation fut le lieutenant-colonel de Colomb de Latour de Beauzae (Jean-Armand-Joseph-Gabriel), dont la fille Eugénie-Silvye a épousé M. Louis de Maximy.

9 novembre 1801. — Célébration de la fête de la Paix, ordonnée par arrêté des consuls du 10 octobre précédent. A dix heures du matin, au bruit du canon et au son de toutes les cloches de la ville, les autorités se rendirent au temple décadaire, où le préfet, après avoir prononcé un discours, lut la proclamation de la paix conclue avec l'empire d'Allemagne. Ensuite le cortége, qui se composait de plus de deux cents cavaliers et de cent cinquante personnes à pied, se rendit sur les différentes places, où fut également donné lecture de la même proclamation. Cette cavalcade était formée de la manière suivante : deux trompettes; trois pelotons de gardes na-

---

(1) Sous la première Restauration, en 1814, un régiment du génie fut établi à Grenoble ; mais pour satisfaire au même ressentiment, ce régiment fut transféré, en 1815, à Montpellier.

tionales à cheval ; trois pelotons d'artillerie légère et de cavalerie ; tambours et musique de carabiniers à pied ; quatre pelotons de carabiniers et d'artillerie à pied ; tambours de gardes nationales ; deux pelotons de gardes nationales ; groupes d'artistes et d'amateurs ; drapeau de la paix ; char des vétérans ; hérauts d'armes ; fonctionnaires publics ; membres des tribunaux, de la municipalité, de l'administration départementale et de l'armée ; six pelotons de gardes nationales, de carabiniers et d'artillerie à pied ; trois pelotons de jeunes gens à cheval, revêtus uniformément d'un riche costume qu'ils s'étaient fait faire à leurs frais ; enfin deux pelotons de cavalerie et un de gendarmerie fermaient la marche.

Le soir il y eut spectacle et bal publics, feu d'artifice et brillantes illuminations. Un transparent, placé au-dessus de l'entrée de l'hôtel de ville, offrait aux regards du public les quatre vers suivants :

La victoire au dehors nous a rendu la paix ;
La sagesse au dedans en étend l'influence.
Gloire au gouvernement, gloire aux guerriers français !
C'est le cri général de la reconnaissance.

8 décembre 1801. — Première réunion de la Société des élèves de jurisprudence fondée par les jeunes avocats de notre ville ; cette société subsista jusqu'en 1809.

10 décembre 1801. — Débuts, sur la scène du théâtre de Grenoble, de Mlle Raucour (1), première artiste tragique du Théâtre-Français. Elle joua successivement les rôles de Phèdre, de Mérope, d'Aménaide dans *Tancrède*, de Médée, d'Idamé dans l'*Orpheline de la Chine*, d'Hermione dans *Andromaque* et de Sémiramis. Elle

---

(1) Françoise-Marie-Antoinette Sancerrotte-Raucour, née à Nancy en 1756, morte en 1815. Elle avait débutée au Théâtre-Français en 1773.

quitta Grenoble le 11 février 1802 se rendant directement à Paris.

Parmi les nombreux vers qui furent adressés à cette actrice, avec les bouquets et les couronnes dont elle était couverte chaque fois qu'elle paraissait sur la scène, nous croyons intéressant de reproduire les suivants :

> Quand les dieux donnèrent un jour
> Une couronne à Melpomène,
> Elle jura par l'Hypocrène
> Qu'elle passerait à Raucour.

> La tendre Melpomène en te cédant sa gloire,
> T'a cédé ses talents et son char de victoire ;
> Tu triomphes comme elle et jouis de nos pleurs,
> Après avoir ravi notre estime et nos cœurs.

> Ton talent est sublime, il est sans imposture,
> Il rappelle à nos cœurs Dumesnil et Clairon :
> Le spectateur ému, dit, en citant ton nom :
> « Son âme est le miroir où se peint la nature. »

> Si pour le héros de la France
> Elle ne quittait ce séjour,
> Son départ serait une offense ;
> Mais nous espérons que Raucour
> Viendra réparer son absence,
> Et nous comptons sur son retour.

Ces derniers vers furent adressés à Mlle Raucour la veille du jour où elle devait s'absenter de notre ville pour aller, sur l'invitation du ministre de l'intérieur, donner une représentation à Lyon devant le Premier-Consul, de passage en cette ville.

24 décembre 1801. — Arrivée à Grenoble du cardinal, archevêque de Corinthe, Spina, venant de Paris, accompagné de l'ex-général des Servites, Cazelli ; il partit, le 28 du même mois, pour Valence, où il allait prendre les dispositions nécessaires pour effectuer le transport à Rome du corps de Pie VI.

30 décembre 1801. — Une crûe subite de l'Isère donna à la population de sérieuses inquiétudes.

15 janvier 1802. — Départ, de Grenoble, de Charles Renauldon, maire; d'Henri-Sébastien Dupuy (de Bordes), professeur de mathématiques à l'Ecole centrale de l'Isère (1), et d'Antoine Barthelon, négociant, députés par la municipalité pour se rendre auprès du Premier Consul, de passage à Lyon. Reçus par Bonaparte, le 17, ils s'entretinrent longuement avec lui des améliorations dont était susceptible notre ville.

1er février 1802. — Décès, à Grenoble, du préfet Gabriel-Joseph-Xavier Ricard (2). Il fut enterré dans l'ancien cimetière du Drac, et l'on plaça sur sa tombe l'inscription suivante :

SOUS CETTE TOMBE
GÎT
GAB. JOS. XAV. RICARD,
LE PREMIER RRÉFET
DU DÉPARTEMENT
DE L'ISÈRE,
DÉCÉDÉ LE 12 PLUVIÔSE
AN 10 DE LA RÉPUBLIQUE Fse.
PREMIER CONSUL
BONAPARTE,
2me ET 3me CONSULS
CAMBACÉRÈS
ET LEBRUN.

(1) Il avait été le professeur de mathématiques de Bonaparte. à l'Ecole d'artillerie de Valence. et avait été nommé professeur d'éléments de mathématiques à l'Ecole centrale de l'Isère, par arrêté de l'Administration centrale du département, du 13 mars 1796.

(2) On trouvera un éloge de ce préfet dans le *Journal de Grenoble.* nos 26 et 27, tiré de la brochure suivante : *Eloge de Gabriel-Joseph-Xavier Ricard, préfet du département de l'Isère, décédé le 12 pluviôse an X* (par J.-J.-R. Maurel, conseiller de préfecture). Grenoble. Giroud, an X, in-8°, 44 pages.

18 avril 1802. — Installation de Jean-Baptiste-Joseph Fourier, second préfet du département, nommé par arrêté du 23 pluviôse an X (12 février 1802).

Fourier, qu'ont rendu célèbre ses travaux scientifiques, était né à Auxerre, en 1768. Admis à l'École normale de Paris, lors de la création de cet établissement, il ne tarda pas à être remarqué par Lagrange et par Monge, qui le firent entrer, comme professeur-adjoint d'analyse appliquée à la mécanique et au calcul de l'effet des machines, à l'École polytechnique, et le firent ensuite comprendre parmi les savants de l'expédition d'Egypte. Là, il joua le rôle le plus actif, et Bonaparte lui confia l'administration de la justice, et le nomma commissaire français près du divan du Caire. En 1802, il devint préfet de l'Isère, fut décoré de la Légion d'honneur, en décembre 1803, comme membre de l'Institut d'Egypte, et, quelques années après, nommé baron avec dotation. Lorsque Napoléon, à son retour de l'île d'Elbe, arriva à Grenoble, le 7 mars 1815, Fourier se trouvait absent de cette ville, d'où il était furtivement parti quelques heures auparavant ; aussi l'Empereur chargea-t-il de l'intérim de la préfecture Claude Colaud de la Salcette. Cependant, quelques jours après, Fourier alla se présenter à Napoléon, à son passage à Bourgoin, et accepta le titre de comte et l'administration de la préfecture du Rhône.

Comme administrateur et comme savant, Fourier a laissé dans le département de l'Isère de nombreux et de précieux souvenirs, en attachant son nom à presque tout ce qui a été fait de beau et de grand pendant son administration, qui a eu une durée de plus de douze ans.

Après la rentrée des Bourbons, Fourier cessa d'être employé, et Louis XVIII refusa même sa sanction à la nomination que l'Académie des sciences avait faite de lui. L'année suivante, le 12 mai 1817, il fut élu de nouveau membre de la même Académie, pour la section de mathématiques, et devint ensuite secrétaire perpétuel de ce corps. L'Académie française, à son tour, l'appela dans son sein en 1827, et, quelque temps après, succéda à Laplace dans la présidence du Conseil de perfectionnement de l'Ecole polytechnique. Il mourut subitement à Paris, le 16 mai 1830.

Le buste en marbre de Fourier, par Fessard, et portant la date de 1839, a été donné, cette année-là, par le gouvernement à la ville de Grenoble; il est actuellement placé dans la salle de la bibliothèque publique réservée aux bustes et portraits des Dauphinois célèbres. Depuis 1867, l'une des rues de Grenoble porte le nom de *Fourier*.

1er juin 1802. — Installation, par le préfet et les autorités civiles, de la Société d'agriculture. Primitivement fondée par arrêté de l'Administration centrale du département de l'Isère, le 18 décembre 1798, sous le nom de *Société d'Agriculture et d'Histoire naturelle* (1), elle venait d'être réorganisée par un arrêté du préfet de l'Isère, du 22 mars 1802 (2), sous le nom de *Société libre d'agriculture du département de l'Isère.*

Le but de l'institution de cette société, d'après l'article 3 de ses statuts, était de vivifier et de perfectionner toutes les branches de l'économie rurale, de propager les lumières parmi le peuple, de détruire les erreurs, les abus, les préjugés de la routine et de l'ignorance; de contribuer à l'adoption des instruments aratoires les plus parfaits, des méthodes de culture et d'assolement les plus convenables à la qualité du terrain et du climat; de faire disparaître du sol du département les marais infects et

---

(1) *Arrêté de l'Administration centrale du département de l'Isère, concernant l'établissement d'une Société d'agriculture et d'histoire naturelle.* Grenoble. in-8 de 16 p.

(2) Cet arrêté a été imprimé à Grenoble, chez J.-L.-A. Giroud. in-4 de 4 pp.

les landes stériles; d'y multiplier les canaux d'irrigation; de remédier à la dévastation des bois; de perfectionner les races de toutes les espèces d'animaux utiles; de diriger, enfin, par tous les moyens, l'émulation et l'intérêt des habitants vers les objets d'économie rurale qui pouvaient accroître la prospérité publique et particulière.

Les personnes appelées à former le noyau de la nouvelle société furent : Joseph-Marie de Barral; Louis-François Belluard (1), à Claix; Jean-Baptiste Blanc (2), à Seyssins; Bovier, des Angonnes; Charles Bressan-Rosset(3); Curten, pépiniériste à Grenoble; Jean-Henri-Christophe Dausse (4), ingénieur en chef des ponts et chaussées, à Grenoble; Ducros, bibliothécaire de la ville; André Faure(5), propriétaire à Seyssins; Etienne Faure (6), propriétaire à Saint-Ismier; Henri-Sébastien Dupuys, professeur de mathématiques à l'Ecole centrale; Liotard (7), jardinier-botaniste à Grenoble; Martin, propriétaire à la Tronche; Alexis-François Pison du Galand,

---

(1) Il avait été administrateur du district de Grenoble, et ensuite membre de l'Administration centrale du département, du 27 vendémiaire an VI à germinal an VII.

(2) Avait été maire de Seyssins, administrateur du district de Grenoble, et avait été nommé membre de l'Assemblée administrative du département. le 27 juin 1793. par arrêté des représentants du peuple Dubois-Crancé, Albitte et Gauthier. Mort à Seyssins, le 17 janvier 1814.

(3) Membre du corps municipal de Grenoble, du mois de février 1790 au mois de juillet 1793.

(4) Décédé à Grenoble. le 13 mars 1816. membre de la Légion d'honneur et inspecteur de la 7e division.

(5) Il fut maire de Pariset et membre de l'Assemblée administrative du département, en 1790. Décédé le 10 janvier 1815.

(6) Ancien commis des receveurs généraux des finances du Dauphiné, membre du Conseil d'arrondissement. maire de Saint-Ismier, père de Félix Faure. qui devint premier président à la Cour de Grenoble, député et pair de France.

(7) Fils du botaniste dauphinois Pierre Liotard.

à la Terrasse ; Jacques Falquet–Planta (1), à Fontaine ; Prié aîné (2), à Meylan ; Renauldon, maire de Grenoble ; Roudet dit Corneille, pépiniériste à la Tronche ; Louis Royer (3) ; Schreiber (4), directeur des mines d'Allemont ; Camille Teisseire ; Etienne Trousset, professeur

---

(1) D'abord receveur général des domaines et bois de la Généralité de Grenoble, puis, conseiller-maître à la Chambre des Comptes de la même ville, le 29 juillet 1778, il devint juge de paix à Sassenage, lors de la Révolution, dont il embrassa la cause avec ardeur. Il fut élu notable de la commune de Grenoble, en février 1790 ; membre de l'Assemblée administrative du département, en 1791 ; président de cette assemblée, du 26 novembre de la même année à sa suppression, en l'an II ; membre du Directoire du département, le 7 nivôse an II (27 décembre 1793). Il remplit ces dernières fonctions jusqu'au 27 mai 1794, époque où il fut destitué par un arrêté des représentants Laporte et Albitte. Il a été maire de Sassenage et membre du Conseil général du département, qu'il a présidé de 1800 à 1804. Il est mort dans sa propriété de Fontaine, le 23 juin 1815.

(2) Ancien directeur des étapes et convois militaires ; membre de la Société des sciences et arts de Grenoble.

(3) Louis Royer, frère aîné d'Alexandre Royer-Deloche, naquit à Grenoble le 20 octobre 1749. Il fut avocat au Parlement, membre de l'Assemblée administrative et du Directoire du département de l'Isère en 1790 ; suspendu de ses fonctions comme fédéraliste le 27 juin 1793 par les représentants Dubois-Crancé, Albitte et Gauthier ; nommé procureur général syndic près du Directoire de l'Isère, par arrêté du représentant Borel, le 8 prairial an III ; commissaire du même Directoire près l'Administration centrale du 9 brumaire an IV au 27 frimaire suivant ; président de l'Administration centrale du 6 nivôse de la même année au 12 brumaire an VI ; en 1800, il refusa d'être maire de Grenoble ; il fut ensuite Conseiller de préfecture de l'Isère, du 19 mai 1804 à 1822, et membre du Conseil général, de 1800 à 1824. Il est mort à Grenoble le 11 mai 1828.

(4) Ancien inspecteur général honoraire des mines du roi, devenu depuis inspecteur divisionnaire au corps des mines.

de chimie à Grenoble, et Dominique Villar père, professeur d'histoire naturelle à l'Ecole centrale.

14 juillet 1802. — Inauguration du musée de peinture et de sculpture qui, des bâtiments de l'ancien évêché, où il avait été primitivement installé, avait été transféré dans ceux de l'école centrale qui l'année suivante devenait le lycée actuel.

La date de cette inauguration est constatée par l'inscription qu'on lisait au-dessus de la porte d'entrée qui faisait communiquer l'ancien musée avec les salles de la bibiliothèque publique (1) :

ANNO CONDITÆ REIPUBLICÆ GALLICÆ NONO
CONSULIBUS
NAPOLEONE BONAPARTE,
CAMBACERES, LEBRUN
RERUM INTERIORUM ADMINISTRO CHAPTAL
PROVINCIÆ ISARENSIS PRÆFECTO GAB.-JOS -XAT, RICARD
ARTIUM STUDIOSIS DOCUMENTUM, EXEMPLAR
INCITAMENTUM
CIVIBUS QUIBUSCUMQUE OBLECTAMENTUM
ÆDIFICATUM EST.

Le musée occupa ce local jusqu'au jour où il fut transporté dans le splendide monument que la ville de Grenoble a fait élever sur la place de la Constitution. C'est durant son séjour dans les bâtiments du lycée que c'est surtout enrichie cette collection par des acquisitions faites par la ville et des dons faits par le gouvernement et quelques particuliers.

Par un décret du 15 février 1811, deux cent neuf

---

(1) Pour installer le musée à côté de la bibliothèque, on le plaça dans les combles de l'ancienne église du collège des jésuites, au milieu de laquelle on créa un plancher reposant sur les pilastres.

tableaux, provenant la plupart de nos conquêtes, furent donnés par l'empereur aux villes de Lyon, Dijon, Grenoble, Bruxelles, Caen et Toulouse. Notre ville eut pour sa part trente-un tableaux fort remarquables et qui sont d'une grande valeur (1). En voici du reste l'énumération :

L'Adoration des rois, par Bloemaert, provenant de Vienne ; — *Les Disciples d'Emmaüs et la fraction du pain*, par Strozzi, dit il Capucino, provenant de la collection du prince Braschi, à Rome ; — *Le Christ guérissant la femme hémoroïsse*, par Caliari, dit Paul Véronèse, provenant de Versailles, — *Le Christ portant sa croix*, attribué à Suardi, dit Bramentino, venant de Vienne ; — *Saint Sébastien*, par Vannuci, dit le Pérugin, venant de Pérouse ; — une *Hérodiade* (2), par Allori, de Berlin ; — *La continence de Scipion*, par Bourdon, du duc de Penthièvre ; — *Annibal devant le Sénat de Carthage* (3) par Aman, venant de l'ancienne Académie ; — *Saint Grégoire, pape, entouré de saints*, par Rubens, de l'abbaye de Saint-Michel d'Anvers ; — *Cérémonie de l'ordre du Saint-Esprit*, par Philippe de Champaigne, provenant de l'émigré Montmorency ; — *Le Christ parmi les docteurs*, par Vignon, du musée Napoléon ; — *Samson défait les Philistins* (4), par Guido Canlassi, de l'ancienne collec-

---

(1) La lettre d'envoi du ministre de l'intérieur est datée du 21 mars.

(2) Ce tableau, qui faisait partie de ceux déposés dans les églises de la ville, se trouve encore dans la chapelle de saint Joseph de l'église paroissiale de Saint-André.

(3) Ce tableau a disparu du musée vers la fin du premier empire.

(4) D'après la notice d'envoi, au lieu de ce tableau on aurait dû recevoir une toile qui lui faisait pendant, représentant le *Supplice de Prométhée.*

tion des tableaux du roi; — *Ex-voto à la Vierge*, par Crayer, venant de la Belgique; — *Louis XIV passant sur le Pont-Neuf*, par Van-der-Meulen, du musée Napoléon; — *Saint Jean-Baptiste dans le désert*, par Champaigne, du musée Napoléon; — *Le Christ arrêté au jardin* (1), peint sur bois, de l'école allemande, provenant de Cassel; — *La Vierge, l'enfant Jésus et saint Jean*, attribué, dans la notice d'envoi, à Andrea del Sarto, et, depuis, à Puligo, provenant de Vienne; — deux toiles faisant pendant et représentant l'*Hiver* et le *Printemps*, par Bassan, de l'ancienne collection des tableaux du roi; — *La sainte Famille*, par Vasari, de Vienne; — *Perroquets et autres oiseaux*, par Snyders, de Vienne; — *Sainte Famille et sainte Marguerite* (1), sur bois, de l'école de Raphaël, provenant de Berlin; — *Les noces de Thétis et de Pélée* (1), sur cuivre, par un maître allemand, provenant de Cassel; — *L'Ange Gabriel* (1), par Baroche, et *la Vierge* (1), du même auteur, provenant du palais Pitti; — *Tête de christ couronnée d'épines*, de Carlo Dolci, de l'ancienne collection des tableaux du roi; — *Le repos de la sainte-Famille*, par l'Albane, et *Jésus-Christ servi par les anges*, du même auteur, provenant de Milan; — *Une sainte Famille*, de l'école du Corrège, attribué depuis à Procaccini, provenant du cabinet d'Angivillers; — *La mort d'Abel*, par Turchi ou Alexandre Veronèse, venant de l'église de Saint-Louis-des-Français, à Rome; — enfin, une *Vue de la place Saint-Marc à Venise*, attribué dans la notice d'envoi à Canaletti et depuis à Guardi, provenant d'un émigré.

Aujourd'hui, le musée de peinture compte trois cent cinquante-sept tableaux dont la provenance est ainsi répartie: cent quatorze existaient dans le musée primitif,

(1) Ces tableaux ont disparu du musée.

— 38 —

vingt-sept ont été donnés par le premier empire, dix-sept par les divers gouvernements qui se sont succédé de 1815 à 1850; vingt-trois sont des dons du second empire et vingt-deux ont été offerts par le gouvernement actuel; soixante-cinq proviennent de dons particuliers et sur ce nombre dix ont été donnés par les auteurs eux-mêmes; enfin, soixante-dix-neuf ont été acquis par la ville et les dix derniers lui sont échus dans des loteries.

15 août 1802. — Première séance du Tribunal criminel spécial du département de l'Isère, séant à Grenoble, créé par la loi du 13 floréal an X (3 mai), pour connaître des crimes de faux, d'incendie et de contrebande à main armée. Il était composé du président de la Cour de justice criminelle et de celui du Tribunal de première instance, du commissaire du gouvernement et du greffier près la Cour criminelle. La première condamnation qu'il prononça fut celle de quatre ans de fers et de six heures d'exposition publique contre un habitant de Vinay, convaincu du crime de faux en écriture privée.

17 août 1802. — Proclamation dans la salle du musée, en présence de toutes les autorités, du sénatus-consulte nommant Napoléon Bonaparte consul à vie. Le son des cloches annonça l'ouverture et la fin de la cérémonie, et le soir tous les édifices publics furent illuminés (1).

30 août 1802. — Le général Molitor (2), commandant la division, et le chef de brigade Macon, remettent à la 6e demi-brigade d'infanterie légère, en garnison à

(1) *Journal de Grenoble,* n° 82.
(2) Gabriel-Jean-Joseph Molitor, commanda la 7e division de 1802 à 1805.

Grenoble, les drapeaux que Bonaparte lui avait accordé et qu'un détachement spécial était allé recevoir à Paris ; plusieurs fusils, baguettes et sabres d'honneur furent distribués en même temps aux officiers et aux hommes du même corps.

31 Octobre 1802. — Installation de l'évêque Claude Simon, qui fut conduit processionnellement de l'hôtel, où il était descendu la veille, à la cathédrale, où il officia pontificalement.

Né à Semur (Côte-d'Or), le 15 novembre 1744, il avait été avant 1790 chanoine d'Avallon, au diocèse de Sens. Appelé à l'évêché de Grenoble le 29 juin 1802, il fut sacré le 8 août suivant ; nommé dans la suite chevalier de la Légion d'honneur (juillet 1804) et baron de l'Empire, il est mort à Grenoble le 3 octobre 1825.

15 Décembre 1802 (24 frimaire an XI). — Arrêté du préfet de l'Isère rétablissant l'ancienne école de chirurgie qu'avaient créée, en 1771, les Pères de la Charité.

Il fut fait un appel à tous les médecins praticiens de la ville pour concourir gratuitement de leurs talents à l'enseignement, et pour ne froisser personne dans le choix des professeurs, on le confia à la Société de médecine, laquelle s'étant assemblée le 8 nivôse (29 décembre), procéda aussitôt à cette élection avec un luxe de professeurs égal à celui des écoles spéciales de médecine. En effet, il y eut douze chaires et douze professeurs titulaires, plus deux suppléants et trois directeurs, *et toute cette richesse scientifique,* ajoute le Dr Billerey dans une lettre à M. le préfet du département de l'Isère, du 12 mai 1831 (1), *ne fut que la montagne en travail,*

_____

(1) *Lettre du Dr Billerey.* etc. Grenoble, Allier. 1831, p. 12.

*elle ne produisit pas même une leçon, et l'on devait
s'y attendre, vu que tout l'enseignement était gratuit.*

Nous ajouterons que les cours de cette école ne furent
ouverts que le 7 décembre 1803 et n'eurent qu'une
courte durée.

Voici l'extrait de la séance de la Société de médecine (1) :

« La Société de médecine de Grenoble, voulant donner au citoyen préfet des preuves non équivoques de son
zèle et seconder ses vues philanthropiques en rétablissant
une école de chirurgie qui assure aux habitants de ce
département les moyens d'instruction dans les diverses
branches de l'art de guérir et la prompte jouissance des
bienfaits qu'elle promet ;

« Considérant qu'on ne peut parvenir à donner de suite
à cet établissement le perfectionnement dont il est susceptible, et que ce n'est que progressivement qu'on peut
atteindre le but désiré ;

« Qu'il importe essentiellement à cette cité de ne pas
retarder l'installation de cette école, vu qu'elle sera la
seule, dans la grande distance de Montpellier à Paris,
qui puisse offrir des secours aux départements environ-
nant celui de l'Isère ;

« Considérant enfin qu'un plus grand nombre de professeurs assure davantage les succès de cet établissement, rend complète l'instruction désirée et la met, dès
ce moment, à la disposition du citoyen préfet ; propose
pour directeurs de l'école : Gagnon, Laugier, Mouchet ;
pour professeurs : Fournier (2) (*anatomie descriptive*);
Bilon fils (*physiologie et opérations chirurgicales*);

---

(1) Archives de l'Isère.

(2) Bernard Fournier. né à Grenoble le 4 juillet 1768, décédé
dans la même ville le 10 août 1829. Il est l'auteur de divers
ouvrages et opuscules sur la médecine et la chirurgie.

Bilon père *(pathologie générale)* ; Jean-Baptiste Sylvi *(pathologie particulière)* ; Villar fils *(maladies des os, bandages)* ; Billerey *(principes de médecine)* ; Trousset et Villar père *(médecine clinique)* ; Desconteau *(maladies aiguës et chroniques)* ; Comte *(matière médicale)* ; Pierre-Polycarpe Chanoine *(médecine légale)* ; Trousset *(chimie médicale)* ; enfin, pour suppléants : Poncet et Rey. »

24 Décembre 1802. — Décès, à Grenoble, d'Anne-Françoise Dupuy-Saint-Vincent, née en 1740, et veuve depuis 1775 de M. de Valbonne de Châteaudouble. L'évêque, le clergé, les autorités et une foule immense assistèrent à ses obsèques, qui eurent lieu le 26 décembre (1).

Les vers suivants, insérés dans le *Journal de Grenoble* quelques jours après sa mort, feront connaître mieux que nous le ferions nous-même les sentiments charitables dont cette dame était animée envers les malheureux, et les regrets qu'elle laissa parmi la population :

Elle n'est plus, cette femme sensible,
    L'appui de tous les malheureux !
Malgré nos cris, le sort trop inflexible
    Vient de la ravir à nos vœux.

Elle montra, dès sa plus tendre enfance,
    Son mépris pour les faux plaisirs.
Chercher partout, secourir l'indigence,
    Furent ses uniques désirs.

Pourquoi faut-il que la Parque cruelle
    Ait terminé sitôt ses jours ?
Ah ! des vertus le plus rare modèle
    Aurait dû subsister toujours.

---

(1) *Journal de Grenoble*, nos 138 et 139.

5 Février 1803. — Délibération de la municipalité ordonnant d'arracher les vieux arbres qui longeaient l'Isère, au dehors de la Porte de France, et de tracer, niveler et planter la promenade actuelle de l'Esplanade. Les allées plantées qui relient cette promenade à la route nationale de Grenoble à Lyon ne furent créées qu'en 1807. Mentionnons encore que c'est durant le mois de février 1803 qu'a été placée la grille qui sépare le Jardin de Ville de la rue du Quai ; le devis de ce dernier travail s'éleva à 11,165 francs et quelques centimes.

22 et 23 Février 1803. — Des rixes graves s'élevèrent, pour quelques prétextes futiles, entre les habitants de la ville et les soldats de la 6ᵉ demi-brigade légère ; elles eurent principalement lieu dans la rue Saint-Laurent et dans les débits de boissons de La Tronche. Divers habitants et militaires furent grièvement blessés ; quelques-uns même succombèrent. La présence et les soins de M. Renauldon, maire de Grenoble, du général Morangié, commandant d'armes, et des chefs de corps calmèrent enfin les esprits et les firent rentrer dans le devoir. Cependant, quelques jours plus tard, pour éviter de nouveaux désordres, le maire crut devoir faire afficher la proclamation suivante (1) :

« *Citoyens, des rixes dangereuses ont eu lieu, ces jours derniers, entre quelques habitants et des militaires de la 6ᵉ demi-brigade d'infanterie légère. Malheureusement, elles ont eu des suites très-fâcheuses.*

« *Le commandant d'armes de la place et les chefs du corps ont pris les précautions les plus sages et donné les ordres les plus rigoureux pour prévenir toute agression de la part des militaires.*

---

(1) Cette proclamation se trouve imprimée dans le *Journal de Grenoble*, nᵒ 179. .

« *Je vous invite instamment, citoyens, non-seulement à vous abstenir de tout propos qui pourrait
donner lieu à quelque nouvelle dispute, mais encore
à concourir tous au rétablissement de la bonne intel-
ligence qui a toujours régné dans cette ville entre
les habitans et les militaires.* »

17 avril 1803. — Les ouvriers gantiers de Grenoble,
au nombre de cent huit, s'assemblent à l'hôtel de Belmont, pour jeter les bases et arrêter le premier règlement d'un bureau de bienfaisance qu'ils avaient l'intention de former entre eux. Les trente articles du règlement ayant été trouvés très-sages et avantageux, furent
tous adoptés. On procéda ensuite à l'élection des premiers
membres qui devaient diriger la Société : André Chevalier fut nommé infirmier général; Jean Hellien, trésorier;
François Michon, Pierre Goncelin, Joseph Veyret, François Avril, Nicolas Hudry et Alexandre Martelet, commissaires de quartier, et enfin Etienne Chabroy, secrétaire.

L'autorisation de tenir cette réunion avait été demandée,
quelques jours auparavant, au maire Renauldon, par André Chevalier, en ces termes :

« Le citoyen Chevalier a l'honneur d'exposer, au nom
« de quelques ouvriers gantiers de la même commune, que
« les revers funestes que le commerce de la ganterie vient
« d'éprouver depuis peu de temps, ont enlevé à plusieurs
« d'entre eux les moyens d'exister et de se procurer les
« secours nécessaires quand ils sont malades.

« La plupart des ouvriers ont témoigné le désir qu'ils
« ont de concourir, par une souscription volontaire, à
« l'établissement d'une Caisse de bienfaisance, dont l'u-
« nique destination serait de secourir ceux de leurs con-
« frères qui seraient dans le besoin.

« A cet effet, ils vous supplient, citoyen Maire, de
« vouloir bien leur accorder votre autorisation pour s'as-

« sembler dimanche prochain, et arrêter le plan de leur
« Bureau de bienfaisance; protestant que, toujours atten-
« tifs à se conformer à la loi et à obéir à l'autorité, ils ne
« s'écarteront jamais des règles qu'elle prescrit, ni des
« ordres que vous jugerez à propos de leur donner (1). »

C'est pour perpétuer le souvenir de cette première demande concernant l'établissement des Sociétés de secours
mutuels, que la municipalité de Grenoble a cru devoir,
en 1867, donner le nom d'*André Chevalier* à la percée
qui fait communiquer la rue Saint-Laurent au quai
Xavier-Jouvin.

La création du Bureau de bienfaisance des ouvriers
gantiers, après avoir reçu un avis favorable du maire,
le 29 germinal an XI, fut approuvée par le préfet le 1er floréal suivant, et définitivement autorisée par arrêté municipal du 2 du même mois.

La plupart des marchands-gantiers se firent un plaisir
de contribuer à la prospérité de cette institution ouvrière,
dont le seul objet que se proposaient les ouvriers en le
créant, était de procurer des secours à ceux de leurs con-
frères qui pouvaient tomber malades et se trouver dans
l'indigence. Aussi, nous faisons-nous un devoir de reproduire ici les noms de ceux qui y contribuèrent le plus
largement : Belin, Marc Noël, Massu, Jacques Fugier,
Mme Dumoulin, Riolat, Rouillon, Barde, Perrequin et
Achard.

Le 22 avril de l'année suivante, eut lieu la seconde
réunion générale de la Société ; on y entendit un rapport
d'André Chevalier, sur la situation de la Société, qui re-
latait que les recettes avaient atteint 762 francs 15 centimes, et les dépenses, 367 francs 25 centimes. Les administrateurs furent tous réélus par acclamation, et, le

(1) *Etablissement d'un bureau de bienfaisance en faveur des
ouvriers gantiers de Grenoble. Pétition et Règlement.* Grenoble,
J.-H. Peyronard; in-4, de 16 pp.

soir, un banquet de quatre-vingts couverts réunissait la plupart des membres; des toasts furent portés à Bonaparte, à la prospérité du commerce, au maire Renauldon et à André Chevalier, qui, les premiers, avaient donné l'idée de l'institution.

L'exemple donné par les ouvriers gantiers ne tarda pas à être suivi par ceux des autres métiers, et quatre autres bureaux de bienfaisance mutuelle se formèrent bientôt; ce furent: le 3 juin 1804, celui des ouvriers cordonniers, autorisé par le maire, le 26 juin, et approuvé par le préfet, le 28 du même mois; le 8 juillet 1804, celui des ouvriers peigneurs de chanvre, autorisé par le maire, le 9 du même mois, et approuvé le lendemain par le préfet; le 26 décembre 1805, celui des charpentiers, maçons, tailleurs de pierre et plâtriers, approuvé et autorisé le 14 février 1806; enfin, le 14 juin 1807, celui des ouvriers chamoiseurs, blanchers, tanneurs et corroyeurs, autorisé par le maire, le 16 juin, et approuvé par le préfet, le 5 juillet suivant (1). Les règlements de toutes ces sociétés, furent, à peu de chose près, textuellement copiés sur celui des ouvriers gantiers.

Nous croyons devoir rapporter ici un passage d'un rapport, sur les Sociétés de secours mutuels, que M. Dupont de Nemours, vice-président de la Société philantropique de France, a lu à l'assemblée générale de cette société, le 11 février 1809 (2):

« En juillet 1808, deux *Sociétés* (ou *Bureaux de*
« *bienfaisance*) se sont formées à Grenoble; l'une, entre
« les ouvriers *tisserands, drapiers, tapissiers, passe-*
« *mentiers* et *teinturiers;* l'autre, entre les *menui-*

---

(1) Règlements, pour ces divers bureaux de bienfaisance mutuelle, imprimés à Grenoble, chez J.-H. Peyronard.

(2) *Rapport de M. du Pont de Nemours, vice-président de la Société philantropique, au nom de la commission des Sociétés de prévoyance*, etc. In-8, de 16 pp.

« *siers, tourneurs* et *tonneliers*. — Ces deux bureaux
« sont le fruit des exhortations et de l'influence de M.
« Renauldon, maire de Grenoble, membre de la Légion
« d'honneur. Il a rédigé leurs règlements, approuvés par
« M. le préfet du département de l'Isère, sur le vu du
« rapport fait à son Excellence Monseigneur le Ministre
« de l'Intérieur. Il est bon de remarquer que toutes les
« autorités applaudissent à ce genre d'institutions secou-
« rables, et les provoquent en toute occasion.

« Dès l'an 11, M. Renauldon avait établi un pareil Bu-
« reau de bienfaisance entre les *gantiers,* et un autre
« entre les *cordonniers* de la même ville; en l'an 12, un
« semblable entre les *peigneurs de chanvre,* ouvriers
« dont le métier n'est pas salubre; en 1806, un autre en-
« tre les ouvriers *charpentiers, maçons, tailleurs de
« pierre et plâtriers,* professions où l'on est sujet à des
« bles-ures, et, en 1807, un cinquième entre les *chamoi-
« seurs, blanchers, tanneurs et corroyeurs.*

« Voilà donc sept Sociétés de prévoyance et d'huma-
« nité, comprenant sept cent quarante-un membres, for-
« mées en six ans, dans une ville de vingt mille âmes,
« par les vertus de son premier magistrat, qui a invoqué
« celles que la raison peut inspirer aux classes laborieuses
« de la société.

« Vous avez regardé comme un prodige ce qu'il a fallu
« de bonté persévérante et longtemps prouvée par les
« faits, pour qu'un magistrat pût amener plus de la tren-
« tième partie de ses administrés, et celle chez qui les
« besoins même excitent le plus de défiance, à prendre la
« résolution unanime d'adopter les règlements qu'il leur
« a proposés, et de se soumettre à des contributions jour-
« nalières dont le bénéfice, quoiqn'assuré, ne se présente
« qu'à des époques ou lointaines ou incertaines. »

26 avril 1803. — Sur l'invitation du général Marchand, commandant le département de l'Isère, le Conseil

municipal de Grenoble décide que l'Arbre de la Liberté serait transféré sur la place Neuve du département. Cet arbre avait été solennellement planté, le dimanche 24 juin 1793, sur la place Grenette, qui, pendant la Révolution, avait pris le nom de place de la Liberté.

6 Mai 1803. — Arrêt du gouvernement qui ordonne l'établissement à Grenoble d'un lycée. Le conseiller d'Etat Fourcroy, chargé de la direction de l'instruction publique, dans sa lettre d'avis adressée au préfet de l'Isère, s'exprimait ainsi au sujet de cette institution : « *D'après l'empressement que cette ville a montré et les offres qu'elle a faites pour fournir aux frais de premier établissement, je ne doute pas qu'elle ne reçoive avec joie et reconnaissance le bienfait qui vient de lui être accordé. C'est une juste récompense du prix qu'elle attache à l'instruction publique et aux progrès des lumières.* »

De son côté le préfet, en adressant au maire copie de l'arrêté du gouvernement, lui écrivait, entre autres, les lignes suivantes : « *L'empressement avec lequel la ville de Grenoble a sollicité cette disposition du gouvernement en sa faveur, le prix qu'elle a toujours attaché à l'instruction et le goût naturel de ses habitants pour les sciences et les beaux-arts, me font espérer qu'elle va redoubler de zèle pour accélérer la mise en activité d'un établissement qui la place au centre d'un arrondissement d'instruction publique composé de quatre départements (1).* »

Le conseil municipal, convoqué à l'effet de délibérer sur les moyens les plus prompts de procurer à l'administration municipale les fonds nécessaires pour les réparations des bâtiments, l'achat du mobilier et autres

(1) Ces quatre départements étaient ceux de l'Isère, de la Drôme, des Hautes-Alpes et de l'Ardèche.

frais de premier établissement (1), décida l'emprunt d'une somme de 60,000 francs, par actions de 300 francs remboursables sans intérêts sur le produit des octrois. Le préfet Fourier souscrivit pour quatre actions.

Claude-Marie Gattel fut nommé proviseur par décret du 17 novembre 1803. Le même décret nommait censeur des études Faguet, ancien professeur de rhétorique de la Congrégation de Saint-Joseph, à Orange. Les professeurs, nommés le 26 mars suivant, furent : pour les belles-lettres, Lesbros, ex-joséphiste, ancien professeur de logique au Collége de Grenoble ; pour le latin, Jamet, ex-joséphiste et ancien régent au même collége ; Baston-Lacroix et Durand, ancien professeur à l'Ecole centrale ; pour les mathématiques, Bret, ancien élève de l'Ecole polytechnique, et Chabert, qui tous deux devinrent professeurs à la Faculté des sciences de Grenoble et chevalier de la Légion d'honneur, enfin David et Lambert.

Quoique étranger à Grenoble par sa naissance, nous croyons néanmoins devoir consacrer à l'abbé Gattel une courte notice biographique, car notre ville était devenue pour cet homme estimable une seconde patrie, dans laquelle il termina ses jours.

Claude-Marie Gattel naquit à Lyon le 20 avril 1743, de parents peu favorisés de la fortune, qui le destinèrent à l'état ecclésiastique. Après avoir commencé ses études au collége des jésuites de Lyon et les avoir continuées à l'Université de Paris, il entra au Séminaire de Saint-Sulpice, et dès lors se voua à l'instruction publique, à laquelle il consacra le reste de son existence. Il fut professeur de philosophie au Séminaire de Saint-Irénée de Lyon, de 1764 à 1766, maître de conférences de théolo-

_____

(1) Le Lycée fut installé dans les bâtiments que les jésuites avaient fait construire pour leur collége, vers le milieu du XVIIᵉ siècle, et où avait été installé, en 1795, l'Ecole centrale du département de l'Isère.

gie au Grand-Séminaire de Saint-Sulpice de Paris pendant une année, professeur de philosophie, de physique et de mathématiques, et successivement sous-principal du Collége de Grenoble, de 1767 à 1786. Reçu ensuite avocat au Parlement de Dauphiné, il remplit depuis 1786 jusqu'à la Révolution les fonctions de secrétaire en chef de la première présidence de cette cour et l'agent des fermes. Il rédigea ensuite les *Affiches et annonces de Grenoble*, que publiait l'imprimeur Giroud, ce qui lui valut d'être arrêté comme suspect le 6 mai 1793 et enfermé dans les prisons de Sainte-Marie-d'en-Haut, où il subit une détention de dix-huit mois.

Après avoir été employé dans une administration des subsistances militaires, il fut élu professeur de grammaire générale à l'Ecole centrale du département de l'Isère, le 25 février 1796, emploi qu'il occupa jusqu'au jour où il fut nommé proviseur du Lycée de Grenoble. Mis à la retraite le 1er janvier 1810, il mourut à Grenoble le 19 juin 1812, étant officier de l'Université impériale et membre du Conseil académique de Grenoble. Il a légué à cette dernière ville sa bibliothèque, composée de six cents volumes anglais, italiens, espagnols ou portugais ; les tableaux et les dessins qu'il possédait. Du nombre des anecdotes que l'on rapporte sur l'abbé Gattel, il en est une que nous relaterons : le baron Fourier, préfet du département de l'Isère, avait rassemblé dans une fête avec les principaux citoyens les dames les plus distinguées de la ville ; toutes s'entendirent adresser à chacune d'elles par M. Gattel des madrigaux et des couplets pleins de sel, où, louées avec finesses, elles se trouvaient caractérisées par le genre de mérite ou d'agrément qui les distinguait ; aussi l'auteur, répandu dans les meilleures sociétés, y était-il reçu et recherché avec un égal empressement.

Gattel est l'auteur des ouvrages suivants :

I. *Mémoires de Sébastien-Joseph de Carvalho et*

4

Mélo, comte d'Oyeras, marquis de Pombal, secrétaire d'Etat et premier ministre du roi de Portugal Joseph I (traduits de l'italien de François Gusta), Lyon, 1784, 4 vol. in-12. — II. *Nouveau dictionnaire espagnol et français, français et espagnol, avec l'interprétation latine.* Lyon, 1790, 3 vol. in-8. — III. *Dictionnaire espagnol-français et français-espagnol.* Lyon, 1790, 2 vol. in-4. — 2ᵉ éd., Lyon, 1803, 2 vol. in-4. — IV. *Nouveau dictionnaire de poche espagnol et français, français et espagnol.* Paris, 1798, in-12 oblong. — V. *Nuevo diccionario portatil espagnol e ingles.* Paris, 1803, in-8 oblong. — VI. *The new pocket dictionnary of the english and spanish languages.* Paris, 1803, in-8 oblong. — VII. *Le Maître italien, par J. Veneroni. Nouvelle édition donnée par C. M. Gattel.* Avignon, 1808, in-8. — VIII. *Nouveau dictionnaire portatif de la langue française.* Lyon, 1797, 2 vol. in-8. — 2ᵉ édition, Lyon, 1813, 2 vol. in-8. — 3ᵉ éd., sous le titre de *Dictionnaire universel de la langue française, avec la prononciation figurée.* Lyon, 1817, 2 vol. in-8. — IX. *Inscription pour des personnages illustres du Dauphiné* (imprimée à la suite d'une Ode sur le retour de la paix et des beaux-arts, par Denis Morelot). Grenoble, an X, in-8.

L'abbé Gattel a en outre prononcé plusieurs discours dans des assemblées politiques ou littéraires et épars dans divers recueils, et avait lu à l'Académie de Grenoble divers mémoires manuscrits et entre autres : *Réflexions sur quelques vices d'élocution familiers aux Français et spécialement aux habitants de Grenoble. Dissertations sur quelques-uns des caractères du langage primitif, sur l'origine et les progrès de l'écriture.*

Les éditeurs de la seconde édition de son dictionnaire français ont consacré à l'abbé Gattel une courte notice historique en tête de cet ouvrage, et son portrait peint à l'huile se trouve exposé dans l'une des salles de la Bibliothèque publique de la ville de Grenoble.

3 Juillet 1803. — Le préfet reçoit dans l'église cathédrale de Grenoble, en présence de l'évêque et d'une grande affluence de monde, le serment des curés nommés dans le diocèse.

La veille avait eu lieu l'installation des vicaires généraux, Etienne Bouchard, docteur de Sorbonne, et Claude Cognet, ancien curé, et des chanoines qui étaient : Jean-Baptiste Pison, ancien vicaire général et chanoine du chapitre de Saint-André de Grenoble ; François-Victor Brochier, ancien chanoine de Saint-André et official du diocèse de Grenoble ; Aymard Perret de Legallière, ancien chanoine de Saint-André et prieur de Grane ; Marin Lejeas-Charpentier, ex-religieux de Cîteaux ; Michaud de Cressia, ex-religieux de la Chartreuse ; Philippe Clavel, ancien curé de Pizieux ; de Vallier, ancien chanoine de Saint-Pierre de Vienne, et Bernard, ancien curé de Champs.

Les curés des trois paroisses de Grenoble : Saint-Hugues, Saint-Louis et Saint-Joseph (1), furent installés par le préfet, assisté du maire, le 16 juillet. Le desservant de la succursale de Saint-André ne fut installé que l'année suivante, le 29 avril, et celui de Saint-Laurent quelques jours après.

8 Juillet 1803. — Décès à Grenoble du général de brigade Alexis-Joseph Ravier d'Herbelon. Né à Grenoble, il avait déjà quitté le service avec le grade d'officier dans le régiment de Royal-Comtois et la croix de Saint-Louis, lorsqu'il fut élu, en 1791, chef du 2e batail-

---

(1) On ne put mettre le curé de cette dernière paroisse en possession de l'église, car elle avait été aliénée par la nation et les formalités du rachat n'étaient point encore terminées.

lon des gardes nationales volontaires du département de l'Isère.

Devenu en 1792 maréchal de camp, il servit à l'armée des Alpes et fut appelé, en 1793, au commandement du département de l'Ain. Lorsqu'il mourut, il était âgé de soixante et onze ans. Un de ses frères, Clément Ravier, natif de Virieu, était décédé chef de brigade du génie, à Chambéry, le 28 septembre 1796.

7 Septembre 1803. — Célébration à la cathédrale d'un service funèbre pour le repos de l'âme de l'ancien évêque de Grenoble, Henri-Charles Dulau d'Allemans, décédé à Gratz, en Styrie, le 4 avril 1802. M. Bouchard, vicaire général, prononça l'oraison funèbre du défunt. Déjà le 9 mai de l'année précédente les vicaires généraux du diocèse de Grenoble avaient adressé un mandement à tous les prêtres et fidèles du diocèse pour ordonner des prières pour le repos de l'âme de ce prélat (1).

15 septembre 1803. — Arrêté du préfet de l'Isère concernant le renouvellement d'une partie des membres du Conseil municipal de Grenoble. Les membres que le sort désigna pour être remplacés furent : Nicolas-Philippe Ducros, ancien avocat au Parlement, ex-juge au tribunal civil du district de Grenoble et membre du corps municipal de cette dernière ville en 1797 ; — Pierre Raffin, ancien peigneur de chanvre et membre du corps municipal en 1793, 1794 et 1795 ; — Charles Rosset-Bressan, cultivateur, ancien membre du corps municipal, de 1790 à 1793 ; — Antoine Michal, marchand de draps,

---

(1) *Mandement de MM. les vicaires généraux du diocèse de Grenoble, par l'autorité du Saint Siége ; Pour ordonner des prières pour le repos de l'âme de Révérendissime Père en Dieu M. Henri-Charles Dulau-d'Allemans, Evéque de Grenoble.* In-4e de 8 pages, sans nom d'imprimeur.

ancien membre du corps municipal en 1790; — Claude Ducruy, ancien gantier, qui fut membre de la chambre de commerce de Grenoble et du tribunal de commerce de la même ville; — Abel de Montchenu, propriétaire; — Leborgne, négociant; — Pierre-Adrien Accarier, notaire, ancien membre du corps municipal en 1792 et 1793; — Murgé, négociant; — Benjamin Marcel; — Périer, liquoriste; — Vessilier-Rivière. — Deux autres membres étaient décédés : Dumoulin et Antoine Liotard, gantier.

Les nouveaux membres du Conseil, installés le 5 octobre 1803, furent : Charles-Joseph de Barral, ancien conseiller au Parlement de Grenoble, frère de Joseph-Marie de Barral; — François Berlioz, marchand de draps ; — Jean-Baptiste-Joseph-Charles Bernard; — Chérubin-Joseph Beyle, ancien avocat au Parlement, qui devint adjoint au maire en 1804 (1) ; — François-Claude-Marie Borel-Saint-Victor, né à Grenoble, le 10 juin 1756, ancien avocat au Parlement, devenu successivement avocat près la Cour d'appel de Grenoble, magistrat de sûreté, substitut du procureur général impérial et conseiller à la Cour impériale de la même ville; — Pierre-François Champel, avocat; — Jean-Baptiste Dalban, ancien procureur au Baillage de Graisivaudan, ancien membre du corps municipal, de 1792 à 1795, — Jean-Paul Didier (2); —Charles Durand, négociant;—Charles-Laurent-Marie-Joseph de Planelly, marquis de la Valette, qui devint maire de Grenoble, député et préfet, et dont nous aurons à parler ultérieurement; — Joseph-Nicolas de la Porte,

---

(1) C'était le père de Marie-Henri Beyle, plus connu sous le pseudonyme de Stendhal.

(2) Né à Upie (Drôme), le 25 juin 1758, Didier devint le chef de la conspiration de Grenoble, et fut exécuté dans cette ville, le 10 juin 1816. Voir notamment, sur ce personnage, la *Biographie du Dauphiné*, de Rochas.

marquis de l'Artaudière; — Nicolas-Gabriel de Marcieu, major de cavalerie; — Augustin Perier; — Etienne-Alexis Piat-Desvial, né à Gren ble, le 3 juillet 1765, qui fut, dans la suite, juge au tribunal de Grenoble et à la Cour prévôtale de la même ville, et vice-président du tribunal civil; — Jean-François de Pisançon.

Les membres du Conseil municipal qui continuèrent l'exercice de leurs fonctions, furent : Revol aîné; — Hyacinthe-Camille Teisseire, liquoriste; — Pierre-François Arthaud, notaire; — Henri Gagnon, médecin; — Claude Vallier, marchand de draps, ancien membre du corps municipal en 1792, 1793 et 1795; — Charles Bonin, ferblantier; — Verney aîné; — Joseph Chanrion aîné, peigneur de chanvre; — Jean-Balthazard Laugier, médecin; — Pierre Giroud, receveur général du département de l'Isère; — Allier, imprimeur; — André Gerboud, ancien notaire et membre du corps municipal en en 1795 et 1797, et qui avait été destitué par arrêté du Directoire exécutif du 7 floréal an V, comme prévenu d'avoir favorisé des prêtres non assermentés; — Antoine Mérand aîné, cultivateur; — Antoine Barthelon, négociant; — Pierre-Alexis Allemand-Dulauron, ancien avocat au Parlement et procureur du roi en l'Hôtel de Ville et siége de police de Grenoble, qui fut ensuite avocat à la Cour d'appel, juge au tribunal civil et à la Cour prévôtale de Grenoble.

Comme on peut s'en convaincre par la seule lecture des noms que nous venons d'énumérer, le corps municipal de Grenoble compta dans son sein, au commencement de ce siècle, des hommes de grand mérite, parmi lesquels plusieurs ont laissé un nom dans les annales historiques de notre pays; aussi croyons-nous devoir donner quelques notes biographiques sur quelques-uns d'entre eux et notamment sur Bernard, Chanrion, Perier et Teisseire.

Jean-Baptiste-Joseph-Charles Bernard naquit à Grenoble, le 15 mai 1756 et mourut dans la même ville, le

27 février 1832. Avocat au Parlement de Grenoble depuis le 9 mars 1778, il fut, en 1790 et les deux années suivantes, commissaire du gouvernement près le Tribunal du district de Grenoble. Resté ensuite sans emploi, il fut nommé membre du Conseil municipal de Grenoble et le 18 avril 1812 membre du Conseil général du département de l'Isère. La Restauration l'éleva aux fonctions de procureur général près la Cour de Nîmes, de premier président de celle de Limoges, de conseiller à la Cour de cassation et le nomma baron. En 1830, il se retira dans sa ville natale, avec le titre de premier président honoraire de la Cour royale de Grenoble, titre qui lui fut accordé par ordonnance royale de la même année.

Joseph Chanrion, né à Grenoble le 16 août 1750, décédé dans la même ville le 28 novembre 1830. Il fut officier municipal du mois de février 1790 au mois de novembre 1791 ; juge de paix de l'arrondissement extérieur de Grenoble depuis 1791 jusqu'en 1795, et membre de l'assemblée administrative du département de l'Isère en 1792. Le 27 juin 1793, un arrêté des représentants du peuple Dubois-Crancé, Albitte et Gauthier l'avait nommé membre du Directoire de l'Isère, mais il n'avait point accepté; élu ensuite administrateur de la Ville le 25 novembre 1795, il avait donné sa démission le 29 janvier suivant. Nommé de nouveau juge de paix (canton sud-est de Grenoble) en 1808, il remplit ces fonctions jusqu'à la Restauration, époque à laquelle il fut destitué. En reconnaissance des services signalés qu'il rendit à Grenoble, en éloignant de cette ville une commission révolutionnaire, la municipalité a, en 1867, donné son nom à l'une de nos rues (1).

Augustin-Charles Perier naquit à Grenoble le 12 mai 1773. Il fut membre du Conseil d'arrondissement de Gre-

---

(1) Voir sur Chanrion la *Biographie du Dauphiné*, par Rochas, et *Deux années de l'histoire de Grenoble*, par Albin Gras.

noble, dn 24 prairial an VIII à 1816; membre du Conseil général du 18 avril 1816 jusqu'à son décès; membre
de la Chambre consultative des manufactures, arts et
métiers de Grenoble ; juge et président du Tribunal de
commerce de la même ville ; député pour le département
du Rhône à la Chambre des représentants, en 1815;
membre de la Chambre des députés pour le département
de l'Isère, de 1827 à 1831; pair de France le 16 mai
1832. Il mourut au château de Fremigny, le 2 décembre
1833 (1).

Hyacinthe-Camille Teisseire, né à Grenoble le 22 septembre 1764, mourut dans la même ville, le 12 septembre
1842. En 1792, il fut élu membre du corps municipal et
l'année suivante il devint procureur de la Commune. Un
arrêté du représentant Petit–Jean le nomma, le 27 février
1794, agent national près de l'administration municipale.
Il cessa ces dernières fonctions le 6 décembre 1794, mais
il fut élu administrateur de la Commune le 3 novembre
1795. Il a été depuis sous-préfet de Tournon sous l'Empire, membre de la Chambre consultative de commerce
de Grenoble, président du Tribunal de commerce de la
même ville, et, de 1820 à 1824, député de l'Isère à la
Chambre des députés. Il était chevalier de la Légion d'honneur (2).

19 novembre 1803. — Ouverture à Grenoble du collége électoral du département de l'Isère, sous la présidence de Joseph-Marie de Barral, dans l'une des salles
de l'école centrale; les candidats proposés pour le Sénat
furent : Clary, allié à la famille du premier consul, et
Marc-Joseph de Gratet du Bouchage , préfet des Alpes-

---

(1) Voir sur Augustin Perier la *Biographie du Dauphiné*, de
Rochas.

(2) Voir, pour des détails biographiques, l'ouvrage de M. Albin Gras : *Deux années de l'histoire de Grenoble.*

Maritimes (1); ceux pour le Corps législatif furent : Jean-Baptiste-Joseph Fourier, préfet du département de l'Isère, et Joseph-Marie de Barral.

Le collége électoral de l'arrondissement de Grenoble, nomma de son côté pour candidat au Corps législatif : Jacques-Jean-Raymond Maurel (2), conseiller de préfecture ; Charles Renauldon, maire de Grenoble, et de Bourcet, propriétaire à Fontaine.

---

(1) Marc-Joseph de Gratet comte du Bouchage, né à Grenoble le 18 septembre 1746, décédé dans la même ville le 21 avril 1829; ancien officier du génie (septembre 1775) et procureur général, syndic des Etats du Dauphiné, assemblé à Vizille et à Romans en 1788 et 1789; conseiller de préfecture de l'Isère (30 mars 1800), préfet des Alpes-Maritimes le 21 ventôse an XI, et préfet de la Drôme, le 14 juillet 1815 ; mis à la retraite, le 22 janvier 1824, avec le titre de conseiller d'Etat honoraire. Il était membre du conseil général de l'Isère depuis le 28 juillet 1824; chevalier de l'Ordre royal et militaire de Saint-Louis, de celui de Saint-Jean-de-Jérusalem et officier de la Légion d'honneur. Son corps repose au cimetière de Saint-Roch, de Grenoble.

La ville de Nice a fait frapper en son honneur, en 1814, et lui a décerné une médaille d'or, en reconnaissance des services qu'il a rendus à ses habitants pendant plus de dix ans que le département des Alpes-Maritimes fut confié à sa direction.

(2) Jacques-Jean-Raymond Maurel, dit de Rochebelle, né à Grenoble, le 11 novembre 1758, décédé dans la même ville, le 31 mai 1842. Il fut successivement : avocat général près le Parlement de Grenoble (17 janvier 1789) : conseiller de préfecture de l'Isère (30 mars 1800-1809); président du collège électoral de Grenoble en 1803 et en 1808; membre du conseil municipal de Grenoble ; membre du conseil général de l'Isère, du 18 avril 1816 à 1830 ; député du même département à l'Assemblée législative, du 1er mai 1809 au mois de mai 1815; président à la Cour impériale et à la Cour royale de Grenoble (1811-1830). Il était membre de la Légion d'honneur et de la Société des sciences et arts de Grenoble, à laquelle il fit plusieurs communications, et lut notamment l'éloge du préfet Ricard. L'Empire l'avait créé baron.

A l'issu de ses séances, le collége électoral du départ-
tement envoya une députation à Paris, présidée par
M. de Barral, pour présenter à Bonaparte une adresse,
dont nous extrayons le passage suivant :

« Que nous reste-t-il à désirer encore? de conserver
« les jours d'un héros qui peuvent être moissonnés dans
« les champs de la gloire. L'immortalité le recevrait
« dans son sein ; mais le peuple, qui le chérit, gémirait
« d'une perte irréparable. Veillez donc, général consul,
« sur cette vie, si précieuse aux Français ; si elle appar-
« tient à l'histoire, elle est aussi la propriété du peuple
« le plus aimant et le plus généreux. »

Parmi les membres présentés par le collége électoral
de Grenoble, le Sénat conservateur, le 27 décembre 1803,
élut député Joseph-Marie de Barral, sur lequel nous
avons déjà fourni quelques renseignements biographiques.

Décembre 1803. — Le comte Jean-Baptiste Abrial,
ancien ministre de la justice, sénateur, informe en ces
termes de sa nomination à la sénatorerie de Grenoble, le
préfet de l'Isère : « *En vous apprenant, citoyen
préfet, ma nomination à la sénatorerie de Grenoble,
je m'applaudis d'être envoyé dans un pays aussi re-
commandable par le bon esprit et l'aménité de ses
habitans que par le mérite des gens instruits en
tous genres qui s'y trouvent. Je mettrai tout mon
zèle à vous seconder.* » Le comte Abrial fut le seul
titulaire de la sénatorerie de Grenoble, de 1803 à 1814 ;
il fut presque constamment absent de France et ne fit en
Dauphiné que de rares apparitions, notamment en septembre 1807, époque à laquelle il fit un voyage aux
fouilles de Mont-Seleucus et à l'obélisque du Mont-
Genèvre, dans les Hautes-Alpes. La sénatorerie de la
juridiction de la Cour d'appel de Grenoble, créée par
sénatus-consulte, du 22 nivôse an XI, comprenait les

départements de l'Isère, des Hautes-Alpes et du Mont-Blanc.

2 février 1804. — Débuts sur le théâtre de Grenoble de Madame Rolandeau, première actrice du théâtre Feydeau, dans le rôle d'Alexis, dans l'*Erreur d'un beau-père,* et dans celui de Laure, dans l'opéra-comique du même nom.

22 janvier 1804. — Lefèvre-Gineau et Villars, membres de l'Institut, inspecteurs généraux des études, arrivent à Grenoble pour procéder à l'organisation de l'instruction publique dans le département de l'Isère. Ce furent eux qui examinèrent les premiers candidats aux bourses du Lycée ; cent cinquante élèves furent admis par décret impérial donné au camp devant Austerlitz, le 7 décembre 1805. Cette première promotion d'élèves fut faite, pour Grenoble, avec toute l'attention que commandait le nouvel établissement dont elle devait assurer le succès, aussi en consultant aujourd'hui cette ancienne liste, on reconnaît qu'il en est sorti des hommes de grand mérite, du nombre desquels nous citerons les suivants :

Hyacinthe-Fidèle Avet, né à Moutiers, le 24 avril 1788, décédé à Turin, le 3 septembre 1855 ; entré en 1814, après avoir fait ses études de droit à l'école de Grenoble, dans la magistrature piémontaise, où il parvint aux plus hautes fonctions. Il fut l'un des personnages les plus éminents de la Cour de Piémont, dont il devint, le 21 novembre 1840, premier secrétaire d'Etat pour les affaires ecclésiastiques, de grâce et de justice.

Octave-Philippe-Aimé-Amédée de Barral, né à Voiron, le 1er juillet 1791, devenu, en 1851, préfet du département du Cher, et, en 1856, sénateur, décédé il y a quelques années.

Jean-François Champollion, *le jeune,* né à Figeac (Lot), le 24 décembre 1790, successivement professeur

d'histoire à la Faculté des lettres de Grenoble, bibliothécaire de la même ville, conservateur du musée égyptien
du Louvre, membre de l'Académie des inscriptions et
belles-lettres, professeur au Collège de France, et qu'on
illustré ses découvertes et ses travaux sur l'Egypte. Il
mourut à Paris, le 4 décembre 1831.

Jean-Baptiste Froussard, né à Grenoble, le 12 janvier
1792, qui d'instituteur des enfants de Casimir Perier,
devint commissaire général de la République dans les
départements de l'Isère, de la Drôme et des Hautes-
Alpes, représentant du département de l'Isère à l'Assemblée constituante (23 avril 1848), puis à l'Assemblée législative; décédé à Paris, le 3 décembre 1849, après
avoir été choisj, le 25 juin de l'année précédente, par le
général Cavaignac pour l'un des membres chargés de
l'administration et de la direction de la ville de Paris.

Jacques-Louis-César Randon, né à Grenoble, le 25
mars 1795, devenu ministre de la guerre, sénateur, gouverneur général de l'Algérie, maréchal de France, comte
et grand officier de l'ordre de la Légion d'honneur;
décédé à Genève le 13 janvier 1871 et enterré dans le
cimetière de Saint-Ismier, près Grenoble, le 11 octobre
suivant.

Félix-Martin Réal, né à Grenoble, le 10 mai 1792,
nommé, en 1830, avocat général à la Cour d'appel de
Grenoble, et élu, la même année, par le département de
l'Isère, membre de la Chambre des députés; devenu
ensuite, en 1836, secrétaire général du ministère du
commerce et des travaux publics, et, en 1837, conseiller
d'Etat; décédé à Beauregard-sur-Pariset, le 27 juin
1864 (1).

(1) On trouvera des renseignements biographiques sur Avet,
dans les *Mémoires de l'Académie de Savoie, seconde série*, t. 4;
sur de Barral, dans le *Dictionnaire universel des Contemporains*,
de Vapereau; sur Champollion, dans la *Biographie du Dau-*

4 Avril 1804. — Installation, comme adjoints au maire de Grenoble, de Charles-Laurent-Marie-Joseph de Planelly, marquis de la Valette, et de Chérubin-Joseph Beyle, qui avaient été nommés par un décret du 9 mars précédent.

19 Avril 1804. — Décès à Grenoble de Pierre-Louis-Emé de Guiffrey-Monteynard, marquis de Marcieu, né dans la même ville, le 12 février 1728, ancien lieutenant-général, gouverneur de Grenoble et du Graisivaudan lorsque éclata la Révolution. Voici en quels termes les *Annales politiques et littéraires du département de l'Isère* (1) rendirent compte de ses funérailles : « Toute « la garnison, toutes les autorités civiles et militaires, « une foule immense de citoyens ont accompagné son « convoi funèbre. Le jour de ses obsèques, ses héritiers « ont fait distribuer des aumônes considérables aux in-« digents qu'il secourait pendant sa vie et qui étaient « venus à son hôtel pleurer sur son cercueil. »

On trouvera les états de service du marquis de Marcieu, ainsi que la nomenclature des nombreuses batailles auxquelles il assista, dans divers ouvrages, notamment dans les *Fastes militaires de France*, de M. de la Fortelle (2) et dans la *Biographie du Dauphiné*, de Rochas. Néanmoins, on nous permettra de relater une anecdote

---

phiné, par Rochas; sur Froussard, dans la *Statistique générale du département de l'Isère*, appendice, p. 36; sur Réal, dans le même ouvrage, t. 4, p. 168 ; sur Randon, dans le Dictionnaire de Vapereau, et dans le journal *le Dauphiné*, 2e année, n° 31, p. 147. — On pourra également consulter sur ce dernier personnage, le discours prononcé sur sa tombe par le général Ribourt, et inséré dans *l'Impartial dauphinois*, n° du 13 octobre 1871.

(1) N° 127, du 25 avril 1804.

(2) *Fastes militaires ou annales des chevaliers des ordres royaux et militaires de France.* Paris, 1772, t. II, p. 238.

peu connue qui dénote les sentiments profondément charitables dont M. de Marcieu était animé. En 1757, le régiment de cavalerie de son nom, dont il était alors colonel, ayant commis quelques dégâts dans la ville manufacturière de Bielefeld, il envoya de sa bourse 4,000 livres aux autorités de cette ville pour la dédommager d'une partie des pertes qu'elle avait eu à souffrir de ses troupes. Cet acte d'une rare probité et d'un désintéressement peu commun valut à M. de Marcieu la juste reconnaissance des habitants de Bielefeld, qui le regardèrent comme l'un de leurs bienfaiteurs et lui adressèrent, à la cessation des hostilités, une lettre qui témoigne toute l'estime et la considération que ces étrangers portaient à un général français qui se comportait à leur égard avec autant de loyauté. Cette lettre, datée du 23 mars 1760 et signée par les bourgmestre, juge et magistrat de Bielefeld, se trouve reproduite dans la Statistique générale du département de l'Isère (1), ainsi que le fait suivant, que nous croyons devoir également citer. En 1787, M. de Marcieu ayant été décoré de la croix de commandeur de l'ordre de Saint-Louis, les grenadiers du régiment de Royal-Marine, infanterie, qui étaient en garnison à Grenoble, profitèrent de cette occasion pour se rendre au château du Touvet, où était en ce moment leur général, pour lui adresser le compliment suivant, qui fut fait et débité par l'un d'eux, le sergent Bernadotte, qui depuis devint maréchal de France et roi de Suède et de Norwége :

> Si la langue était un outil
> Qu'on maniât comme un fusil,
> Mon général, en bon langage,
> Nous te ferions un compliment ;
> Mais nous n'avons pour tout partage
> Qu'un cœur, bon pied et bonne dent ;

---

(1) T. III, p. 599.

Des grenadiers voilà l'hommage !
Sur leur bon cœur tu peux compter ;
Leurs pieds, si le combat s'engage,
Sur tes pas sont prêts à voler.
Quant à leur dent, elle est oisive :
Elle est pourtant, n'en doute pas,
Une arme toujours destructive,
Quoiqu'on n'en fasse pas grand cas.
Essaye notre savoir faire,
Et tu verras que tes enfants,
Etant à table avec leur père,
Sauront se servir de leurs dents.
A ton cordon nous venons boire,
Marcieu, tu nous feras raison ;
Quand tu nous menais à la gloire,
Nous t'avions tous pour compagnon.

Le marquis de Marcieu fit servir aux grenadiers le dîner qui lui était préparé, prit place au milieu d'eux et leur donna une poignée de louis, que ces bons militaires avaient bien gagnés, faisant, pour aller de Grenoble au Touvet et pour revenir, la valeur de douze lieues de poste.

30 Avril 1804. — Le Tribunal d'appel de Grenoble reçoit la prestation de serment des avocats, rétabli par la loi du 22 ventôse an XII, ainsi que celle des avoués et des défenseurs officieux. A l'occasion de cette solennité, des discours furent prononcés par Alexandre Royer-Deloche, commissaire du gouvernement, André-Louis Marion, avoué, et Jacques Brun, président au Tribunal d'appel. Le nombre des charges d'avoués près le Tribunal d'appel était alors de dix-sept, et celui des mêmes charges près le Tribunal civil, de vingt-six.

Quant à l'ordre des avocats, il comptait trente-six membres fort distingués pour la plupart et parmi lesquels nous citerons : Louis Royer, Jean-Baptiste-Joseph-Charles Bernard, Jean-Paul Didier, Pierre-Alexis Alleman-Dulauron, François-Claude-Marie Borel-Saint-Victor et Etienne-Alexis Piat-Desvial, dont nous avons déjà eu l'occasion d'esquisser la biographie; — François-Amat Rolland, reçu avocat au Parlement le 1er décembre 1775, membre du Directoire du département de l'Isère le 1er ventôse an III, juge au Tribunal civil du même département le 20 prairial an IV, qui devint ensuite conseiller à la Cour de Grenoble;—Alexandre-Achard de Germanne, né à Aspres (Hautes-Alpes), nommé procureur général à Grenoble le 22 mars 1816, décédé dans cette dernière ville le 26 mai 1826, à l'âge de soixante-douze ans; — Jean-Pierre Duport-Lavilette, savant jurisconsulte, né à Grenoble le 26 décembre 1757, décédé dans la même ville le 19 avril 1827, membre du corps municipal en 1791 et 1792, membre du Conseil général du département en l'an VIII et député de l'Isère à la Chambre des représentants pendant les Cent-Jours; - Jacques-Benoît Pal, né à Grenoble en 1755, jurisconsulte distingué, qui devint professeur à l'Ecole de droit de Grenoble et recteur de l'Académie de cette ville, décédé en 1830; — Claude Burdet, devenu professeur à l'Ecole de droit de Grenoble; — enfin Jacques Berriat-Saint-Prix, célèbre jurisconsulte, né à Grenoble le 22 septembre 1769, nommé professeur à l'Ecole de droit de Grenoble, puis à celle de Paris, décédé dans cette dernière ville le 4 octobre 1845.

24 Mai 1804. — Un courrier extraordinaire apporte à Grenoble le sénatus-consulte organique du 28 floréal an XII, déférant le titre d'Empereur des Français au Premier Consul et établissant l'hérédité dans sa famille. Quatre-vingts coups de canon annoncèrent la publication de ce sénatus-consulte, qui fut faite par le commissaire de police accompagné de ses quatre adjoints, des mandeurs et des gardes de la ville, précédés des tambours et des fifres de l'artillerie. La même proclamation fut lue à toute la garnison rassemblée au Champ-de-Mars.

Le dépouillement des votes du département de l'Isère pour l'hérédité de la dignité impériale dans la famille de Napoléon avait donné 82,084 oui et 12 non, ainsi répartis : arrondissement de Grenoble, 26,837 oui et 10 non ; arrondissement de Vienne, 21,811 oui ; arrondissement de Saint-Marcellin, 16,762 oui ; arrondissement de La Tour-du-Pin, 16,674 oui et 2 non.

9 Juillet 1804.— Election des membres qui devaient composer la Chambre consultative des arts et manufactures de Grenoble, instituée, ainsi qu'à Vienne et à Voiron, par arrêté du gouvernement du 12 germinal an XI (2 avril). Furent élus : Augustin Périer, directeur de la fabrique d'indienne de Vizille ; Sébastien Berriat, filateur de soie à Vif ; Camille Teisseire, liquoriste ; Mathieu Paul, marchand chamoiseur ; Claude Ducruy, marchand gantier et Pierre Raffin, marchand peigneur de chanvre.

21 septembre 1804. — Décret impérial établissant une Ecole de droit à Grenoble, en exécution de la loi du 22 ventôse an XII.

Pour assurer la création de cette institution dans notre ville, le conseil général de la ville avait déclaré, dans sa séance du 19 juillet précédent, que MM. de la Valette, adjoint au maire, et Didier, membre du corps municipal, se rendraient de suite à Paris pour y faire valoir auprès du gouvernement les motifs qui pourraient le déterminer à établir à Grenoble une école spéciale de droit. De son côté, le maire Renauldon avait publié un long mémoire (1) où étaient énuméré é avec soin les divers avantages que présentait cette ville pour obtenir cette faveur ; ce mémoire étant aujourd'hui peu connu et assez rare à se procurer,

_____

(1) *Mémoire sur l'Etablissement d'une Ecole Spéciale de Droit à Grenoble ; Présenté par le Conseil général de cette Commune. De l'imprimerie de Courcier.* in-4° de 14 pp.

on nous permettra d'en reproduire ici le passage le plus important :

« Grenoble gagnera beaucoup à une Ecole de Droit, et
« cette Ecole y acquerra une grande considération. Qu'on
« la suppose à Lyon ; elle y sera toujours obscure,
« toujours écrasée sous l'influence du commerce ; elle ne
« sera rien pour la ville, et l'Ecole ne saurait y fleurir.

« Ici se présentent les rapports vraiment décisifs pour
« le placement des Ecoles ; le succès des études, l'utilité
« et la gloire de ces établissements.

« Les distances peuvent servir de règle, lorsqu'il s'agit
« de justice ou d'administration, qui sont le besoin de
« tous ; il serait heureux peut-être de pouvoir les conci-
« lier avec les autres bases ; mais quelques lieues de
« plus ne sauraient empêcher de choisir, pour un éta-
« blissement, la Cité qui offre toutes les garanties de son
« succès. Il faut cultiver les sciences sur le sol qui leur
« est propre.

« Où fixera-t-on l'enseignement du Droit, si ce n'est
« dans ces villes de Parlemens, de Barreaux célèbres, où
« tous les élémens ont été conservés par la tradition ?
« Pour les pays de Droit écrit, par exemple *Toulouse*,
« *Aix* et *Grenoble,* ne sont-ils pas des points fixes qu'on
« ne saurait abandonner ?

« Ces villes s'honorent d'avoir produit un grand nom-
« bre de Jurisconsultes célèbres. Toulouse a eu les May-
« nard, les Catelan, les Furgole ; Aix, les Froment, les
« Duperrier, les Montvallon et un grand nombre d'autres ;
« Grenoble, les Guypape, les Expilly, les Chorier, les
« Basset, les François Marc, les Boissieu, les Valbonnais ;
« de nos jours, les Pison, les Dorbanne, les La Mat-
« tre, etc.

« Si l'on objectait que Grenoble n'avait pas d'Univer-
« sité, nous répondrions qu'il en eut une sous son Conseil
« Delphinal, qu'elle fut transférée à Valence, où elle eut
« même le plus grand éclat par ses illustres Professeurs.

« Mais il est vrai de dire qu'avant la révolution, elle
« avait péri, après avoir altéré toutes les dispositions
« d'une ville si heureusement placée pour le commerce.

« A ces époques, l'ancien Gouvernement n'avait cessé
« de reconnaître la nécessité de la rétablir à Grenoble ;
« mais les Evêques de Valence en étaient Chanceliers
« nés ; et cette prérogative fut toujours un obstacle à un
« changement sollicité par tous les motifs possibles d'in-
« térêt public.

« De pareilles considérations n'arrêteront pas aujour-
« d'hui ; l'utilité publique sera seule consultée, et la ville
« de Grenoble réunit des avantages que nulle autre ne
« saurait lui disputer.

« Sa Cour d'Appel jouit, à juste titre, d'une grande
« réputation ; c'est, de toutes les cours de France, celle
« qui a eu le moins de ses jugemens annulés par la Cour
« de Cassation.

« Le Barreau de Grenoble a toujours été célèbre par
« son savoir, et par la noblesse avec laquelle chacun de
« ses membres exerçait cette honorable profession. Il a
« constamment joui d'une grande considération dans cette
« ville ; et honorer un état, c'est prendre le vrai moyen
« de forcer ceux qui l'embrassent à s'en rendre dignes.

« L'étude du droit est naturalisée à Grenoble : c'est
« une vérité notoire que les affaires y sont traitées avec
« autant de zèle que de lumières. On y trouve un grand
« nombre de Bibliothèques riches, de Recueils précieux ;
« mais il y a encore un établissement bien plus rare, celui
« d'une Bibliothèque publique très-considérable. Sa col-
« lection du Droit est peut-être la plus complète qui
« existe ; elle contient sept mille articles, dont un grand
« nombre ont plusieurs volumes.

« L'enseignement du Droit est en pleine activité à Gre-
« noble, et c'est l'expérience qui appelle l'établissement
« de l'Ecole : on peut dire qu'ici le Gouvernement n'a
« qu'à conserver ; nous l'affirmons avec confiance, s'il

« daignait permettre que les Elèves de nos Professeurs
« fussent admis au concours des Ecoles de Droit, cela suf-
« firait pour fixer l'enseignement à Grenoble.

« Les registres de notre Ecole centrale font foi qu'un
« grand nombre d'Elèves, de Départements même éloi-
« gnés, s'y sont voués à cette Etude.

« Nulle part peut-être la Loi sur le Notariat n'a été
« exécutée avec tant de rigueur. L'examen des candidats
« a toujours eu lieu de la manière la plus brillante.

« A la dernière prestation de serment d'obéissance aux
« Constitutions de l'Empire et de fidélité à l'Empereur,
« on a vu, outre tout le Barreau, 87 Elèves, dont plusieurs
« ont déjà déployé des moyens qui donnent les plus
« grandes espérances.

« Il règne parmi eux une si grande émulation, qu'ils
« ont formé, avec l'approbation du Préfet, une Société
« dans laquelle ils discutent les questions de Jurispru-
« dence.

« Enfin, nous possédons deux Professeurs de Droit,
« qui ont fait preuve de véritables talens dans cette
« partie. L'un d'eux a imprimé ses Cours. Nous oserions
« demander quelles sont les autres villes qui peuvent
« offrir ces avantages réunis? Nous osons demander
« qu'elles présentent aussi leur Cours de Législation au
« Gouvernement, et qu'il les juge.

« On ne saurait nous accuser de prévention. Pour-
« rions-nous être dans l'erreur, lorsque nous rappelons
« des vérités matérielles, des faits d'une constante noto-
« riété? »

Un nouveau décret, daté du quartier-impérial de
Braunau, dans la Haute-Autriche, le 10 brumaire an XIV
(2 novembre 1805), nomma : professeurs de l'école de
droit de Grenoble, Jean-Paul Didier, Charles-François-
Jean-Baptiste-Henri Planel, Jacques-Benoît Pal, Hip-
polyte-Gaspard Joly, Berriat-Saint-Prix ; et suppléants,
Claude Burdet et Marin, tous avocats à la Cour d'appel
de Grenoble.

La prestation de serment des professeurs qui eut lieu devant la Cour d'appel, le 23 décembre 1805, donna lieu à une solennité importante, à laquelle assistèrent la plupart des fonctionnaires publics et l'élite de la population. M. Royer-Deloche, procureur général impérial, prononça un discours dont nous reproduisons les dernières phrases (1) :

« Magistrats ! Depuis que j'ai l'honneur d'exercer, « dans cette Cour, les fonctions du ministère public, « jamais jour ne fut plus glorieux pour mon cœur : c'est « avec une satisfaction bien douce que je vous présente « le Décret impérial qui organise l'Ecole de Droit établie « à Grenoble.

« Ce décret bienfaisant a été rendu à Braunau, dans la « Haute-Autriche, le 10 du mois de brumaire dernier. « Sa date, le lieu où il a reçu la sanction de Sa M. jesté « impériale, le nom des Professeurs qu'il désigne, tout « concourt à le rendre mémorable pour nous. En ouvrant « à cette cité une nouvelle source de prospérité, il nous « apprend que, dans les camps, au milieu des combats, « le héros qui nous gouverne ne néglige rien pour « l'administration intérieure et la gloire de l'Empire « français. »

Le directeur provisoire de l'école Didier, qui fut nommé directeur en titre par un décret daté de Munich, le 17 janvier 1806, et qui plus tard fut condamné à mort et exécuté comme fauteur de la conspiration de Grenoble, prit également la parole et retraça les devoirs de la profession du jurisconsulte dans un assez long discours, qui débutait et se terminait par le panégyrique le plus pompeux de Napoléon.

« En venant prêter, dans ce temple des lois et de la

---

(1) *Procès-verbal de la prestation de Serment des Membres de l'Ecole de Droit de Grenoble et discours prononcés devant la Cour d'appel.* J. Allier, imprimeur à Grenoble, in-f° de 8 pp.

« majesté du Souverain, le serment de notre fidélité, les
« premiers sentiments qui s'épanchent de nos âmes sont
« ceux de la reconnaissance et de l'admiration.

« Lorsque la Providence qui veille sur la destinée des
« Empires, a résolu d'en changer la face, elle choisit
« dans les siècles un homme chargé de l'accomplissement
« de ses desseins!

« Napoléon s'élève au-dessus des autres puissances
« de la terre! il enchaîne les événemens à sa gloire, à
« sa fortune! il commande à la victoire! il est maître du
« temps !!!!

« Le poids d'une guerre, miraculeuse par ses succès,
« ne peut distraire un moment sa sollicitude pour le bien
« de ses peuples; il tient de la même main l'épée de la
« victoire, la balance de la justice, le gouvernail de l'ad-
« ministration, et les diverses parties de l'Europe, de-
« venues à jamais célèbres par ses triomphes, le seront
« encore par les actes de son gouvernement; c'est des
« champs de bataille qu'il crée les institutions de la paix,
« qu'il pourvoit à tous les besoins de son Empire; c'est
« au quartier-impérial de Braunau qu'a été organisée
« l'Ecole de Droit de Grenoble.

« Son génie qui enflamme ses armées de héros, excite
« aussi le zèle et le dévoûment de tous ceux qu'il appelle
« à des fonctions publiques; il présidera aux efforts que
« nous ne cesserons de faire, pour remplir celles qu'il
« daigne nous confier; elles nous imposent d'immenses
« obligations, des devoirs, dont nous ne pouvons consi-
« dérer sans effroi l'étendue.

« . . . .

« Puisse le génie choisi pour commander au monde et
« régir les destinées de son siècle, donner à notre insti-
« tution la vie, la force qu'il sait imprimer à ses œuvres!

« Quelle époque, Messieurs! Par quelles merveilles
« nous sommes frappés! Quel homme aurait osé conce-
« voir toutes celles qui se sont réalisées sous nos yeux?

« Nous croyons nous perdre dans la mythologie, en lisant
« le récit des événements dont nous sommes les contem-
« porains !

« La France était dans la dissolution, elle est arrachée
« de l'abîme, et la civilisation renaît, l'ordre social se
« rétablit ; la religion et la justice, chassées par nos fu-
« reurs, s'étaient reléguées dans le ciel; nous les voyons
« descendre sur la terre, leurs temples sont ouverts ! »

« Dans ces premiers jours d'un règne, au milieu de
« tous les embarras, de toutes les sollicitudes, les plus
« grandes entreprises sont commencées, les plus magni-
« fiques travaux s'exécutent, des obstacles qui semblent
« invincibles viennent s'opposer à la régénération et ne
« font que hâter ses progrès ! Le sauveur de la France
« échappe à toutes les conjurations, aux dangers de tous
« genres qui renaissent sans cesse. Tout est prodige,
« tout est miracle dans sa vie ! C'est d'hier qu'a éclaté la
« guerre la plus terrible qui devait assurer sa perte, c'est
« d'aujourd'hui que se conclut la paix la plus illustre qui
« consacre sa gloire ! !

« Quels heureux présages pour l'avenir ! quels motifs
« de confiance pour tous ceux qui exercent des fonctions
« publiques ! quels sujets d'espérances pour nous de vivre
« dans un siècle destiné à réaliser les grandes pensées de
« ceux qui le précédèrent !

« Monarque heureux, guerrier magnanime, aussi chéri
« de vos sujets que grand par toute la terre, nous ne ces-
« serons d'implorer la Divinité pour qu'elle continue de
« veiller sur vos jours, de répandre sur votre personne
« sacrée, la lumière et la force, qui ont fait votre puis-
« sance, et la sagesse qui doit nous en garantir les
« fruits (1). »

_____

(1) Dans un autre discours prononcé à la séance de clôture
des cours de l'Ecole de droit de Grenoble, de l'année 1807, Didier fit de nouveau de l'Empereur un éloge des plus enthou-
siastes. (*Discours imprimé chez J.-L.-A. Giroud, à Grenoble,
in-f° de 8 pp.*)

L'Ecole de droit, dont les cours furent ouverts le 19 mai 1806, fut installée dans les bâtiments de l'ancienne chambre des comptes, où se trouve actuellement le tribunal de commerce et partie du tribunal civil ; elle y resta jusqu'au 2 septembre 1816, époque à laquelle elle fut transférée dans les locaux qu'elle occupe encore de nos jours, sur la place de la Halle.

Au commencement de l'année 1808, la ville craignit un instant la perte de son Ecole de droit, aussi envoya-t-elle auprès du Gouvernement, pour en solliciter le maintien, une députation composée de MM. de Barral, premier président et membre du corps législatif ; Augustin Perier, négociant ; Pernard, avocat ; Didier, directeur de l'école, membre du conseil municipal, et Pal, professeur.

Supprimé par une ordonnance du roi, du 2 avril 1821, à cause des troubles survenus à Grenoble cette année, la Faculté de droit fut rétablie sur les nombreuses et pressantes sollicitations de la municipalité, par une autre ordonnance, du 22 septembre 1824, avec le même nombre de chaires et de places de suppléants qu'il y avait auparavant. Composée primitivement d'une chaire de droit romain, de trois chaires de code civil, d'une chaire de législation criminelle et procédure civile et criminelle, et de deux places de suppléants, on y ajouta successivement une chaire de droit commercial en 1832, une de droit administratif en 1837, une seconde chaire de droit romain en 1853, une chaire spéciale de droit pénal en 1858, enfin une chaire d'économie politique en 1877. Aujourd'hui, la Faculté de droit de Grenoble compte un doyen, cinq professeurs titulaires et trois agrégés.

7 Octobre 1804. — Départ pour Paris de Joseph-Vincent Ferier de Montal, colonel, de Félix Morenas, chasseur, de Romain Theynard, caporal-fourrier, et de Sixte Chavand, chasseur, tous membres de la garde nationale de Grenoble, élus le 15 septembre précédent pour assister au couronnement de l'empereur. Le nombre des gardes nationaux du département de l'Isère qui devaient assister à cette solennité avait été fixé à seize seulement.

Deux jours plus tard, partirent également M. Fourier, préfet du département, M. Renauldon, en sa qualité de maire de l'une des trente-six bonnes villes de France, et douze députés du corps de l'artillerie avec leurs deux drapeaux.

La députation de la garde nationale fut de retour le 6 janvier 1805, rapportant un drapeau que lui avait accordé l'empereur. Le retour du maire Renauldon le 14 janvier, et celui du préfet le 18 du même mois, furent l'occasion de nombreuses sérénades et de brillantes illuminations.

8 Octobre 1804. — Mlle Louise Contat, célèbre actrice de la Comédie-Française, pour la seconde fois de passage à Grenoble, joue sur le théâtre de cette ville les *Fausses confidences* et *Claudine*, de Florian.

Le 22 juin précédent, le directeur de la Société dramatique des artistes réunis du Grand-Théâtre de Marseille, dont faisait alors partie Mlle Contat, écrivait de Châlons au maire de Grenoble la lettre suivante pour annoncer l'arrivée de cette troupe : « La Société drama- « tique des artistes réunis du Grand-Théâtre de Mar- « seille, se rappelant toujours avec plaisir la bienveil- « lance dont vous l'avez honorée lors de son séjour à « Grenoble, croirait manquer à tous les sentiments de « reconnaissance qu'elle doit à vos bontés, M. le Maire, « et à l'accueil aimable des habitants de votre ville, si « elle négligeait de vous offrir la jouissance des talents de « Mlle Contat, pour quelques représentations vers la fin « de thermidor. Mlle Contat désire vivement revoir Gre- « noble et préférerait que ce fût avec notre troupe, dont « elle connaît l'ensemble agréable et particulièrement

« plusieurs artistes. Daignez, M. le Maire, accueillir
« notre demande et nous honorer de votre réponse. J'ai
« l'honneur d'être, M. le Maire, votre très-humble ser-
« viteur : DROUIN, pour la Société. » Suivait le tableau
de la troupe, composée de MM. Drouin, Blanvalet, Saint-
Elme, Belval, Deletre, Yvan, Corréard, Saint Julien,
Gaillard et Toine, et de Mmes Contat, Drouin, Deletre,
Saint-Julien, d'Harcourt, Martin et Dillon.

21 Octobre 1804. — Distribution solennelle des
étoiles d'honneur à soixante-un légionnaires des départements composant la division militaire de Grenoble. Le
cortége, parti à onze heures du matin de l'hôtel du commandant, se rendit, au son de toutes les cloches et au
bruit de salves d'artillerie, escorté des troupes de la garnison, à la cathédrale où devait avoir lieu la cérémonie.
Après une messe célébrée par l'évêque et un discours
prononcé par le général Molitor, on remit, entre autres, la
décoration de Grand-Aigle au général Gabriel-Jean-Joseph Molitor, commandant la division, et celles de Chevalier à Marc-Antoine Paganon, président de la Cour de
justice criminelle, à Jean-Jacques-Bernardin Colaud de
la Salcette, général de brigade commandant le département, à l'évêque de Grenoble, à Jean-Baptiste-Abraham
Mallein, procureur général impérial de la Cour de justice
criminelle, et au général de brigade Girod, commandant
d'armes de la place de Grenoble.

15 Novembre 1804. — Le général de division Molitor part de Grenoble se rendant à Chambéry, pour y
recevoir le pape Pie VII, qui allait à Paris sacrer l'empereur Napoléon Ier. Le même jour et dans le même but,
de forts détachements d'artillerie et de gendarmerie quit-
tèrent Grenoble pour se rendre au Pont-de-Beauvoisin,
ainsi que cinquante chevaux qui devaient servir au cortége du souverain pontife et qu'avaient fournis les habitants de Grenoble.

Le lendemain 16 novembre, l'évêque de Grenoble, Joseph-Jean-Baptiste-Hippolyte Beaufort, secrétaire général de la préfecture de l'Isère, et Louis Royer, conseiller de préfecture, partirent également pour le Pont-de-Beauvoisin, escortés par un détachement de gendarmerie.

26 Janvier 1805. — Un décret impérial, en date de ce jour, autorise l'institution formée à Grenoble, par quelques anciennes religieuses, pour l'éducation des jeunes demoiselles, à la charge toutefois de tenir une école gratuite pour les pauvres filles de la ville et des environs. On mit à la disposition de cette institution les bâtiments de l'ancien monastère de Sainte-Marie-d'en-Haut. Lorsque parut le décret impérial du camp d'Osterode, du 10 mars 1807, qui autorisait l'établissement d'une association religieuse de dames charitables, sous le nom de Sœurs de l'instruction chrétienne, les huit dames (1) qui dirigeaient alors l'institution de Sainte-Marie, se firent agréger à cette association, en même temps qu'elles reçurent alors du gouvernement l'abandon gratuit du local, qu'elles payaient auparavant. En 1808, cette maison d'éducation comptait quatre-vingt-douze pensionnaires et l'on y faisait l'école gratuite à deux cent cinquante jeunes filles. Les dames de l'Institution chrétienne, qui furent depuis connues sous la dénomination de dames du Sacré-Cœur de Jésus, occupèrent la

(1) De ce nombre étaient : Geneviève Deshayes, qui coopéra largement au développement de l'institution qu'elle dirigeait et qui, unie ensuite à celle d'Amiens, fondée par Mme Barat, devint l'institution du Sacré-Cœur, qui compte aujourd'hui près de quatre-vingt-dix maisons et plus de trois mille cinq cents religieuses ; — et Philippine Duchesne, née à Romans le 29 août 1769, qui, partie de Paris au mois de mars 1818, alla fonder à la Nouvelle-Orléans la première maison de son ordre en Amérique.

maison de Sainte-Marie-d'en-Haut jusqu'en 1832, époque
à laquelle elles se retirèrent à la Férandière, près de
Lyon, maison de leur ordre qu'elles avaient fondée.
Quant aux bâtiments de Sainte-Marie, qu'un décret du
9 avril 1811 avait concédés à la municipalité de Grenoble, ils furent successivement loués à une pension de
demoiselles et à l'Ecole normale pour l'instruction pri-
maire, et enfin échangés le 1er décembre 1851, avec les
religieuses Ursulines, contre les bâtiments qu'elles possédaient près de la citadelle.

9 Avril 1805. — Le général Molitor, commandant
la division militaire de Grenoble, et le préfet du département de l'Isère, se rendent à Lyon, où l'Empereur
Napoléon devait passer le 11 du même mois, allant en
Italie.

La municipalité de Grenoble envoya de son côté, à
Chambéry, une députation composée du maire Renauld-
don, de l'adjoint de La Valette et des conseillers muni-
cipaux de La Porte et Didier, pour présenter ses hommages à l'Empereur. La députation de la ville ayant été
admise par Napoléon le 27 avril, à 7 heures du soir, le
maire lui adressa un discours qui se terminait ainsi :

« Sire,

« L'allégresse publique est le fruit de votre pré-
« sence. Nous sommes venus partager l'enthousiasme
« de nos voisins ; mais, nous osons l'affirmer, il n'est pas
« de Français qui puissent en éprouver de plus grand
« que celui dont nos concitoyens sont animés.

« Daignez, Sire, leur donner l'espérance qu'ils pour-
« ront eux-mêmes déposer un jour à vos pieds leur hom-
« mage. Nous la recevrons comme la plus douce récom-
« pense de notre amour pour votre Majesté. »

L'Empereur répondit en ces termes :

« Monsieur le Maire, je suis sensible aux marques
« d'attachement que me donne la ville de Grenoble. Je

« sais qu'il y règne le meilleur esprit ; que le départe-
« ment de l'Isère a fourni de nombreux bataillons qui
« tous ont fait preuve de courage et de discipline; que
« la conscription n'y éprouve aucun retard ; que le re-
« couvrement des impositions s'y fait sans peine. J'ai
« exercé des regrets de ce qu'on n'a pas dirigé ma marche
« sur Grenoble ; j'aurais visité avec intérêt les établisse-
« ments que cette ville renferme.

« Je désire qu'à mon retour d'Italie les circonstances
« me permettent de passer par Grenoble. »

Le même jour, à deux heures de l'après-midi, l'Empereur avait déjà reçu en audience une députation de la
Cour d'appel de Grenoble, composée de Jean-Jacques
Brun, premier président en exercice pendant les fonctions législatives de M. de Barral; André Réal, président ; Jean-Baptiste Guilloud, Joseph Dye-d'Alissan,
Philibert Perrety, Victor-Amédée Fleury, Pierre-
Jérôme François, Mathieu-Barthélemy Odouard, juges,
et Alexandre Royer-Deloche, procureur général.

Le premier président avait adressé un compliment dont
nous extrayons les passages suivants :

« Sire,
« Vos fidèles sujets, les membres de votre Cour d'ap-
« pel de Grenoble, apportent au pied du trône l'hommage
« de leur respect, de leur amour et de leur attachement
« inviolable à votre Auguste personne..............
« Régnez, Sire, régnez longtemps : nos vœux les plus
« ardents sont que nos enfants vivent et meurent sous
« vos lois. »

5 mai 1805. — Ouverture du Jubilé qui devait avoir
lieu durant le carême de l'année précédente, mais qui
avait été retardé par la non arrivée des prédicateurs distingués : les pères Lambert, de Ligny et Gloriot, que l'on
avait engagés pour prêcher.

29 décembre 1805. — Célébration dans l'église cathédrale d'un *Te Deum* en actions de grâce de la victoire d'Austerlitz.

Le soir, le préfet donna un dîner de gala suivi d'une fête splendide, dans laquelle l'on chanta plusieurs couplets de circonstance, composés par les convives. Nous reproduirons entre autres les suivants :

Air : *Vive Henri quatre !*

Est-il un diable
Ou bien est-il un dieu,
L'être incroyable
Qui triomphe en tout lieu !
Est-il un diable
Ou bien est-il un dieu.

Par M. Letourneau.

LA BATAILLE D'AUSTERLITZ.

Air : *Ami près de la bouteille*, etc.

Amis, chantons la victoire,
Nos ennemis sont détruits !
Il faut chanter, il faut boire
Au vainqueur d'Austerlitz.

Portant la terreur, les alarmes,
Des monstres du Nord sont venus ;
Napoléon reprend les armes,
Un jour suffit... ils ne sont plus !
Amis, etc.

Reviens, idole de la France,
Brillant modèle des guerriers !
Nos cœurs seront ta récompense ;
Est-il de plus touchans lauriers ?
Amis, etc.

Par M. Gaudoz.

Air : *Touts les Bourgeois de Chartres*, etc.

Les dieux, après la terre,

Ont fait le genre humain ;
L'homme a créé la guerre,
Bacchus a fait le vin ;
Vénus a fait l'amour,
D'agréable mémoire ;
Mais Napoléon, à son tour,
Par ses exploits a mis au jour
La Victoire et la Gloire.

C'était erreur de croire
Qu'il en était l'enfant ;
Car le fils de la gloire
Serait-il si puissant ?
A son commandement,
D'une ardeur sans seconde,
En arrière, comme en avant,
Elle s'en va, tambour battant,
Faire le tour du monde.

Par M. BARDEI.

Air : *Du Pas de charge.*

Le voilà sur les bords du Rhin
Le héros de la France !
C'est Mars qui, la foudre à la main,
Vers les combats s'avance.
Il part, il vole, il est porté
Par son noble courage,
Et le Danube épouvanté
Le voit sur son rivage.

Air : *De la retraite.*

Peuple du Nord,
Avides d'or
Et de carnage,
Fuyez, fuyez, on le permet encor.
Lâches anglais
Tous vos forfaits
Et votre rage
Font aujourd'hui l'honneur du nom Français !

Air : *Mais enfin, après l'orage*, etc.

Douce Paix, fruit de la gloire,
Viens nous rendre les beaux jours ;
Sur les pas de la victoire
Ramène aussi les amours !
Viens de nos chevaliers,
Des Français dignes de mémoire,
Orner les fronts guerriers
De myrthe et de lauriers.

Par M. MAUCLERC.

15 Février 1806. — Un décret impérial, donné aux Tuileries, organise pour le 25 mai suivant une exposition des produits de l'industrie française, qui devait faire partie des fêtes consacrées à célébrer les triomphes des armées françaises.

La plupart des industriels de notre ville y firent figurer les productions de leur maison, et le jury chargé d'examiner les objets exposés, dans son rapport en date du 14 novembre 1806, décerna une mention honorable à la ganterie de Grenoble, dont les échantillons « parfaitement bien travaillés » avaient été présentés par MM. Ducruy aîné, Massu cadet, Ennemond Durand, Dumoulin, Thibaud et Mᵐᵉ Victoire Chalvet, veuve Romand, tous fabricants de la même ville. Le même jury donna également une mention honorable à M. André Jay, de Grenoble, pour son assortiment complet de peignes à sérancer le chanvre, « construits avec soin et généralement adoptés pour le sérançage ».

Puisque l'occasion s'en présente naturellement, nous croyons devoir donner quelques renseignements statistiques sur l'industrie grenobloise au commencement de ce siècle.

En première ligne, nous placerons la ganterie, qui comptait comme principaux fabricants :

Jean Ducruy (1705), occupant 280 ouvriers et produisant 12,000 douzaines; — Victoire Chalvet, veuve Romand (1704), occupant 160 personnes et produisant 3,000 douzaines; — Jean Dumoulin (1778), occupant 270 personnes et produisant 4,000 douz.; — Joseph Thibaud (1720), occupant 210 personnes et produisant 3,000 douz.; — Eunemond Durand (1768), occupant 266 personnes et produisant 3,600 douz.; Jean Massu cadet (1780), occupant 244 personnes et produisant 4,000 douz. (1).

On comptait en 1806, à Grenoble, 50 maîtres gantiers environ, 160 coupeurs, 50 dresseurs, 120 coloristes ou pareurs, 1,600 couturières et 800 brodeuses. La journée de travail variait, pour les hommes, de 2 à 3 francs, et pour les femmes, de 1 fr. à 1 fr. 50 c.

On employait par jour, en moyenne, 26 grosses de peaux de chevreau ou d'agneau, ce qui donnait par an 1,123,200 peaux, dont les deux tiers au moins de chevreau. Ces peaux étaient, pour la plupart, tirées d'Annonay, de Millioz, du Cheylard, de Romans et de Levignan.

La production s'élevait annuellement à environ 2 millions 300,000 fr., distribués ainsi qu'il suit : 920,400 fr. pour achat de peaux en poil, à raison de 118 fr. la grosse; 234,000 fr. aux mégisseurs, à raison de 30 fr. par grosse; 93,600 fr. aux teinturiers et pareurs, à raison de 12 fr. la grosse; 94,500 fr. aux dresseurs et coupeurs, à raison de 1 fr. 50 c. par jour; 705,000 fr. à 2,350 couturières, bordeuses, cordonneuses; 60,000 fr. à 200 brodeuses, et 192,500 pour frais d'entretien des ateliers et bénéfices.

Les lieux de débit de cette industrie étaient les départements français, l'Amérique, l'Angleterre, l'Allemagne et l'Italie.

---

(1) Les chiffres entre parenthèses indiquent la date de la fondation de la fabrique.

La douzaine de gants façonnés valait de 18 à 33 francs.

Si l'on compare la ganterie grenobloise, durant les premières années de ce siècle, avec ce qu'elle était avant 1789, on trouve une sensible diminution dans ses produits, que l'on peut évaluer la moitié moins. Cette diminution était due principalement aux bouleversements que venait de traverser la France et aux guerres continuelles qu'elle avait soutenues, aux règlements prohibitifs de l'Angleterre et à l'achat considérable que cette nation faisait des peaux mégissées, enfin à l'établissement de manufactures de gants que l'on créait en Angleterre, en Saxe et en Allemagne.

Pour prévenir la concurrence étrangère, les gantiers de Grenoble sollicitèrent ardemment, à diverses reprises, la prohibition absolue de l'exportation des peaux en poil et un fort droit sur celle des peaux mégissées.

Après la ganterie, l'industrie la plus prospère de Grenoble était celle du peignage du chanvre. Les fabriques les plus considérables étaient celles : de Pierre Raffin (1756), occupant 20 ouvriers et produisant 1200 quintaux ; de Jean-Baptiste Chaloin, père et fils, occupant 15 ouvriers et produisant 300 quintaux ; et de Pierre Jalifier (1710), occupant 15 ouvriers et produisant 600 quintaux.

Les ouvriers gagnaient de 1 fr. 50 c. à 3 fr. par jour. Les matières premières étaient tirées des environs de Grenoble, et ensuite le chanvre peigné était vendu dans les départements du Midi, à raison de 90 à 250 francs le quintal. La matière première était payée de 20 à 50 francs le quintal.

On comptait encore les fabriques suivantes à Grenoble :

Fabriques de ratafia de Camille Teisseire ; de Pierre et Joseph Teisseire, père et fils (1720) ; de Pierre Payraud et André Ferouillat (1750). Cette liqueur qui se vendait 3 francs le litre était principalement vendue en France, en Italie, en Allemagne et en Espagne. Les ouvriers qui y travaillaient gagnaient 2 fr. 25 c. par jour.

Tannerie de Louis Arnaud (1785), occupant 3 ouvriers à 2 fr. 50 c. par jour, et produisant 400 cuirs vache et 500 cuirs veau, débités dans les environs de la ville, au prix de 1 fr. 35 c. à 1 fr. 40 c. la livre vache et de 2 fr. 40 c. la livre veau. Les matières premières tirées de Grenoble, de Moirans et de Genève étaient payées, le cuir en poil, 26 sous la livre, le tan, 7 fr. le quintal et l'huile, 1 fr. la livre.

Mégisserie de Joseph Pourat (1802), occupant 15 ouvriers ayant une rétribution de 2 francs par jour. Cette fabrique qui tirait ses produits des départements du Midi et du Piémont au prix de 12 fr. la douzaine de peaux, les écoulait à Grenoble même moyennant 1 fr. 50 c. la peau ; on en mégissait 360 grosses environ, par an.

Chamoiseries de Navizet aîné (1719), Charles Buisson, Mathieu Paul aîné et Marc Avril. Ces fabriques qui occupaient 16 ouvriers, à raison de 2 fr. et 2 fr. 25 c. par jour, vendaient aux départements du Midi, à l'Espagne, à l'Italie et à l'Allemagne environ 1200 peaux de veau, 900 de chèvre et 1200 de mouton, à raison : le veau, de 5 fr. et 5 fr. 50 c., la chèvre, de 5 fr. et le mouton, de 3 fr. — Les peaux étaient tirées : celles de veau, du Centre et du Nord de la France, à raison de 3 fr. à 3 fr. 50 c. ; celles de chèvre, de l'Isère, du Mont-Blanc, de l'Italie et de la Corse, à raison de 1 fr. 50 c. ; celles de mouton, de la France, à raison de 2 fr. la peau.

Fabrique de bergame ou tissu de poil de chèvre et étoupes de Charles Martin (1727), produisant 25 pièces par an, fabriquées par un ouvrier gagnant 1 fr. 25 c., vendu 2 fr. 50 c. le mètre dans les environs. Le poil de chèvre valait 50 c. le kilogramme et les étoupes 60 c.

Fabrique de tissus de coton de Thomas Hache-Dumirail (1778), occupant 12 ouvriers rétribués à raison de 60 à 80 c. la journée. Elle produisait 7000 aunes de tissus, vendus à raison de 4 francs l'aune dans les dép.

de l'Isère et du Mont-Blanc. Le coton était tiré de Marseille, à raison de 2 fr. 25 la livre, et le fil de Grenoble, à raison de 2 fr. la livre.

Les mêmes possédaient encore à Grenoble une filature de coton, occupant 30 ouvriers payés 1 fr. 25 c. et 1 fr. 50 c. et produisant 200 quintaux, vendus dans les dép. de l'Isère et du Mont-Blanc, à raison de 3 fr. 60 c. à 12 fr. la livre. La matière première était tirée de Bordeaux et de Marseille moyennant 2 fr. à 5 fr. la livre.

Grenoble possédait encore une fabrique de tissus de coton rayés et chinés : celle de François Pivot (1801). Les 4 ouvriers qui y étaient employés confectionnaient 1200 aunes vendues dans le département, à raison de 3 fr. 50 c. et de 4 francs l'aune. Le coton qui venait de Marseille était payé l'uni 3 fr. la livre et le chiné 4 fr. 50 c.

La veuve Sandrot exploitait une chapellerie, occupant 16 ouvriers à 2 fr. par jour, produisant 900 douzaines, vendues dans les dép. de l'Isère, des Hautes-Alpes, du Mont-Blanc et du Léman, 5 fr. 50 c. la pièce montée.

Le sciage et polissage mécanique des marbres qu'exploitait, depuis 1793, le sieur Etienne Bernard, occupait 4 ouvriers et rendait 4,000 francs.

On comptait enfin à Grenoble 32 fabricants de toiles occupant 139 métiers.

15 Juin 1806.— Une députation que le Conseil municipal de Grenoble avait envoyée à Paris pour féliciter l'Empereur sur ses nouveaux triomphes, est reçue ce jour-là à Saint-Cloud par Napoléon et l'Impératrice.

M. Renauldon, maire de la ville, lut l'adresse suivante :

« Sire,

« Vos fidèles sujets de la ville de Grenoble viennent
« déposer aux pieds de Votre Majesté Impériale et
« Royale le tribut d'admiration que leur imposent vos
« triomphes, et le tribut plus doux encore de leur recon-

« naissance pour tous les actes de votre gouverne-
« ment.

« Vos victoires éclatantes, vos lois dictées par la sa-
« gesse ont également pour but d'assurer le bonheur des
« Français et de pacifier l'Europe.

« Les prodiges opérés par Votre Majesté ne sont dans
« ses mains que des moyens de fonder la prospérité pu-
« blique, de faire fleurir dans ses Etats l'agriculture, le
« commerce et les arts. C'est la plus solide gloire; et Sa
« Majesté l'a dit plus d'une fois, c'est celle que préfère
« son cœur paternel.

« Nous supplions Votre Majesté de nous permettre de
« lui rappeler que, l'année dernière, elle daigna témoi-
« gner, à Chambéry, quelque regret de n'avoir pas di-
« rigé sa route par la ville de Grenoble. Puissions-nous
« jouir de cette faveur, lorsque Votre Majesté Impériale
« ira visiter ses Etats! Elle jugerait le bon esprit qui
« anime nos concitoyens, déjà comblés de ses bienfaits ;
« sa présence serait le plus grand.

« Les habitants de Grenoble se distingueront toujours
« par leur fidélité au gouvernement de Sa Majesté, et
« par leur respectueux dévouement à son auguste per-
« sonne.

« De Votre Majesté Impériale et Royale, les très-
« fidèles sujets, députés de la ville de Grenoble. »

L'Empereur répondit qu'il était très-sensible à tous
les sentiments que lui portaient les habitants de sa bonne
ville de Grenoble ; qu'il venait de promettre aux députés
de Venise de visiter leur cité dans le courant de l'année,
et que, très-certainement, il passerait à Grenoble ou en
allant ou en revenant d'Italie.

Outre M. Renauldon, la députation se composait de
MM. de la Porte ; Charles Durand, négociant ; Augustin
Perrier, négociant ; Berlioz, négociant ; Camille Teissère,
négociant, tous membres du Conseil municipal; de Saint-
Vallier, ancien capitaine de vaisseau et membre du col-

lége électoral ; Barral, colonel du génie ; Rolland, juge suppléant à la Cour criminelle ; Lemaistre, inspecteur de l'enregistrement ; Achard, receveur des contributions ; Lestelet, garde d'honneur de Sa Majesté ; Pasquier, membre du Conseil général du département, et Jay, conservateur du musée de peinture.

19 juillet 1806. — Un arrêté du maire de Grenoble ouvre les nouveaux abattoirs que venait de faire construire la Ville sur le quai de la Graille, hors la porte Créqui, en remplacement de l'ancienne tuerie, dont l'État avait acquis l'emplacement pour l'agrandissement de l'arsenal.

Durant le même mois de juillet, les ingénieurs chargés d'établir un télégraphe entre Lyon, Grenoble, Turin et Milan, choisirent le sommet de la Bastille pour y emplacer un signal.

3 août 1806. — L'empereur reçoit en audience, à Saint-Cloud, une députation du conseil général et des conseils d'arrondissement du département de l'Isère, qui était allée le féliciter sur ses triomphes. Napoléon s'enquit avec intérêt des besoins du département et particulièrement de divers détails sur la route d'Italie par le Mont-de-Lans et le Lautaret. Cette députation était composée : pour le conseil général, de MM. Louis Royer, Joseph Pasquier (1), Jean-Baptiste Rogniat (2), Louis-

---

(1) Né à Grenoble en 1753 et décédé en 1826. Ancien receveur du grenier à sel, il fut nommé conseiller général en l'an XII.

(2) Né à Saint-Priest, le 8 octobre 1750. Ancien notaire à Chanas, il devint administrateur et membre du directoire du département de l'Isère en 1790 ; député à l'Assemblée législative en 1791 ; membre du conseil général en l'an VIII et maire de Chanas.

Balthazar Farconnet-Richemont (1) et François David ; et pour les conseils d'arrondissement, de MM. Jean-Paul Didier, Augustin Perier, Louis Broal, Claude Murys, Jean-Antoine-François Tranchand, Jean-Marie Pecoud, Pierre-Joseph-Didier de Boissieu (2) et Victor Gerard.

15 août 1806. — Célébration pour la première fois, avec grande pompe et solennité, de l'anniversaire de la naissance de Napoléon.

Dans l'après-midi eut lieu à la cathédrale un *Te Deum* précédé d'une Invocation et d'un hymne d'allégresse que chantèrent, avec accompagnement d'orchestre, M. Lamparelli, membre de la musique particulière du roi d'Espagne, et Mme Giorgis, artistes de passage ; les paroles et la musique de ces chants avaient été composées pour la circonstance par MM. Bardel, de Grenoble, Lamparelli et Giorgis, premier violon du roi de Sardaigne.

INVOCATION.

Dieu tout-puissant ! protége, affermis la couronne
Du Grand Napoléon, du Héros des Français !
Il a reçu de toi les vertus et le trône.....
Je lui remis ta foudre... Il nous donne la paix ;
Qu'il règne dans nos cœurs pour prix de ses bienfaits !

STROPHE.

Peuples et vous guerriers, compagnons de sa gloire,
Célébrons par nos chants, dans ce jour solennel,

---

(1) Né à Tullins en 1752, décédé en 1829. Banquier à Lyon, il fut membre du directoire et de l'administration centrale du département de l'Isère et ensuite membre du conseil général.

(2) Fils d'un médecin, il naquit à Saint-Marcellin le 15 mars 1754 et y mourut le 25 novembre 1812. Avocat et lieutenant de police à Saint-Marcellin, il fut nommé membre du directoire du département en 1790, et ensuite envoyé à la Convention en remplacement d'un membre absent en 1792.

La fête du Héros, enfant de la Victoire,
Et bénissons en lui la main de l'Eternel.

Le soir, le Jardin de Ville et tous les édifices furent illuminés ; des danses et des concerts publics se prolongèren' jusqu'à une heure avancée de la nuit.

17 mars 1806. — Quelques habitants de Grenoble, voyant avec peine que cette ville était menacée de manquer de spectacle, et voulant prévenir la chute du théâtre, proposèrent une souscription qui pût assurer au directeur une partie des fonds nécessaires pour le soutenir avec le plus d'éclat possible. La circulation d'un prospectus répandu à cet effet ayant réuni un grand nombre de souscripteurs, par arrêté du 17 mars 1806, le maire forma parmi eux une commission chargée de surveiller l'emploi des fonds provenant des souscriptions, ainsi que l'exécution des engagements du directeur.

Quelques jours plus tard, le 2 avril, les membres de la commission théâtrale dressèrent un cahier des charges qu'accepta le sieur Colson, directeur de spectacles. Le prix de l'abonnement était, pour un homme, de 96 francs, et pour une dame de 60 francs. Le directeur devait donner au moins 170 représentations pendant l'année théâtrale, du 1er mai au 15 juin et du 15 septembre à la veille des Rameaux.

L'établissement d'un théâtre permanent et régulier à Grenoble ne remontait qu'à l'année 1768. Auparavant, les représentations de troupes ambulantes avaient lieu sur des tréteaux mobiles élevés pour la circonstance, dans le jeu de paume de l'ancien hôtel de Lesdiguières, au lieu où se trouve encore de nos jours le théâtre actuel. C'est ainsi que Molière avec sa troupe donna plusieurs représentations à Grenoble, en 1658.

Le 27 février 1736, la représentation des pièces intitulées *le Glorieux* et *la Pupille*, donnée au bénéfice des pauvres de l'Hôpital général, par la troupe d'un nommé Le Sage, produisit 312 livres 17 sols et 9 deniers, sur lesquels on dut prélever les frais, qui s'élevèrent à 79 l. 17 s. (location du jeu de paume, chandelles, six symphonistes, acteurs, affiches, valets, souffleur et perruquiers).

En 1767, des lettres-patentes du roi, données à Versailles le 30 avril, autorisèrent la Ville de Grenoble à acquérir, pour la construction d'une salle de spectacle, une portion de la maison et le jeu de paume, qu'elle avait elle-même acheté des héritiers de Villeroy, en 1719, et revendu l'année suivante à M. Morel de Montrivier, conseiller au Parlement.

La salle fut construite en huit mois, et la première pièce y fut jouée le 27 novembre 1763, par une troupe dirigée par Baron, arrière-petit-fils du célèbre collègue de Molière.

Le règlement du 25 avril 1807, rendu en exécution du décret du 8 juin précédent sur les théâtres, comprit la ville de Grenoble dans le troisième arrondissement théâtral, et décida que sa troupe donnerait également des représentations dans les villes voisines : Vienne, Valence, Montélimar, Romans et Chambéry.

A cette époque, la troupe de Grenoble comptait 9 acteurs ayant part dans les bénéfices, 12 artistes à appointements fixes, 11 musiciens, 10 gagistes (buraliste, portier, habilleuses), 3 garçons de théâtre et 1 perruquier.

En 1815, Grenoble fut compris dans le dix-huitième arrondissement théâtral et sa troupe devait parcourir les localités suivantes : Grenoble, en avril et mai; Chambéry, en juin et juillet; Grenoble, du 1er au 20 août; Valence, du 21 août au 15 octobre ; Grenoble, du 16 octobre à la fin du carnaval ; enfin Chambéry, le reste de l'année.

L'ordonnance royale du 8 octobre 1824 classa la ville de Grenoble dans le quatorzième arrondissement : la troupe alors se composait d'un directeur, d'un sous-di-

recteur, de deux régisseurs, douze artistes hommes, huit
actrices, six coryphées tant hommes que dames.

En 1833, la troupe théâtrale de Grenoble avait acquis
une importance plus considérable ; outre dix personnes
attachées à l'administration, elle se composait de quatorze acteurs ou chanteurs, de onze dames et de seize
musiciens. Elle représentait tous les genres, opéras, opé-
rettes, comédies, vaudevilles et drames.

17 mars 1806. — Un décret impérial affecte au maréchal Ney la présidence à vie du Collége électoral du
département de l'Isère, séant à Grenoble.

3 novembre 1806. — Ouverture du Grand-Séminaire de Grenoble, placé sous la direction de M. l'abbé
Clément Bossard, ancien directeur d'un séminaire de
Paris. La bénédiction solennelle de la chapelle de cet
établissement eut lieu le 23 mars de l'année suivante.

10 décembre 1806. — Ouverture des cours de l'Ecole
de médecine, de chirurgie et de pharmacie de Grenoble,
qui avait été réorganisée par un décret impérial rendu à
Berlin le 20 novembre précédent. Ces cours, réglés par
un arrêté du ministre de l'intérieur, du 17 septembre
1807, furent remplacés, en 1823, par une Ecole secon-
daire de médecine, aujourd'hui désignée sous le nom
d'Ecole préparatoire de médecine et de pharmacie. Les
premiers professeurs de cette école furent : François
Billerey (clinique interne, matières médicales et théra-
peutique); François-Marie-Hippolyte Bilon (anatomie
et physiologie); Jean-Baptiste Bilon (clinique externe);
Gabriel Silvy (pathologie externe), et Bernard Fournier
(opérations et accouchements).

12 février 1807. — Décès, à Grenoble, du médecin Etienne Trousset-Berard, dont nous avons eu déjà

l'occasion d'esquisser la biographie, à propos de l'épidémie qui désola notre ville en l'an VIII. Ses obsèques,
auxquelles assistèrent tous les membres des sociétés savantes de Grenoble et les personnes les plus distinguées,
eurent lieu le 14 février. Le 20 avril suivant, M. Champollion-Figeac prononça son éloge à la Société des sciences et arts, et le *Magasin encyclopédique* de Millin lui
consacra une notice biographique. On trouvera l'énumération des œuvres de Trousset dans la *Biographie du
Dauphiné*, d'Adolphe Rochas, ce qui nous dispense de
les énumérer ici ; cependant nous ajouterons qu'il avait
publié dans les *Annales de Chimie* une savante disser-
tation sur la *Transpiration du gaz azote*, dont il avait
fait la découverte, et qu'il avait lu à la Société des sciences et des arts de Grenoble, dont il était membre, les
mémoires suivants : *Mémoire sur les eaux minérales
du département de l'Isère ; — Mémoire sur l'organe
de la voix ; — Notice sur les mines et eaux minérales
du département de l'Isère ; — Consultation sur une
maladie compliquée de calculs et de goutte.* Enfin,
M. Berriat-Saint-Prix, auquel Trousset avait légué ses
manuscrits, donna lecture à la Société des sciences et arts
de Grenoble, d'un travail que ce dernier avait préparé
sur la *Fièvre puerpérale.*

11 février 1807. — Le nommé Perret, qui avait
été condamné à la peine de mort par le Tribunal criminel
de Grenoble, est conduit sur la place Grenette pour y su-
bir l'exécution de son jugement ; mais, soit que l'instrument du supplice fût détérioré, soit que l'exécuteur n'eût
pas pris toutes les précautions désirables, l'instrument ne
produisit point son effet habituel, et, de plus, l'exécuteur,
en voulant remonter le couperet, cassa la corde qui le
retenait, et se trouva ainsi dans l'impossibilité de mettre
fin à l'exécution. Alors, les spectateurs, emportés par un
zèle mal entendu, se précipitèrent sur l'échafaud, renver-

sèrent l'exécuteur, le rouèrent de coups et le foulèrent
aux pieds ; ce ne fut qu'à grand'peine que la gendarmerie
parvint à l'arracher des mains de la populace et à le transporter à l'hôpital, où il ne tarda pas à expirer. De son
côté, le patient, qui avait été mutilé par le couteau,
s'était aussi réfugié à l'hôpital, d'où il fut, le soir même,
transféré à la maison d'arrêt. Trois jours après, le 14 du
même mois, il fut de nouveau conduit sur le lieu du supplice, dont toutes les avenues étaient gardées par de forts
piquets de troupes et plusieurs brigades de gendarmerie.
Il fallut toute la force et toute l'adresse de l'exécuteur
de Chambéry et de ses aides, qu'on avait mandés tout
exprès pour terminer cette exécution, car le supplicié,
doué d'une force peu commune, fit une résistance déses-
pérée.

20 mars 1807. — Un décret impérial donné à Osterode, désigne la ville de Grenoble pour être l'une des cinq
villes de France où devait s'organiser une légion de réserve de l'intérieur. Cette légion, qui devait compter
quatre mille hommes fournis par vingt-six départements,
fut placée sous le commandement du sénateur, général
comte Valence, qui arriva à Grenoble le 29 juin suivant.
Une garde d'honneur, composée de jeunes gens de la ville,
commandée par M. Lavauden et précédée d'une musique,
alla à la rencontre du général et l'escorta jusqu'à l'hôtel
de Montal, où il fut logé.

Le 12 juillet, les Loges maçonniques de Grenoble, *la
Parfaite Union* et *l'Humanité*, offrirent une fête
splendide au comte Valence, qui était G. .·. , représentant du Sérénissime Grand-Maître de l'Ordre maçonnique
de France. A la fin du repas, qui comptait deux cents
couverts, la Loge de *la Parfaite Union* offrit au général
Valence, l'un de ses membres, une médaille commémora-
tive en or, ornée de son chiffre et de celui de la Loge.
Quelques jours plus tard, le 30 juillet, la Loge des *Cœurs*

constants donna à son tour au général Valence un brillant repas, auquel assistaient cent cinquante personnes.

21 mars 1807. — Un arrêté du maire de Grenoble organise le corps des sapeurs-pompiers , qui compta 150 hommes, répartis en neuf divisions, placées sous les ordres de trois directeurs et d'un sous-directeur pour la division *extra-muros*. Le matériel ne comprenait alors que deux pompes emplacées, l'une rue du Quai, l'autre rue Saint-Laurent ; 526 mètres de boyaux et 310 paniers doublés de cuir.

En 1815, le corps des sapeurs-pompiers, déjà plusieurs fois remanié, comptait deux compagnies, l'une de sapeurs, forte de 88 hommes sous les ordres de 3 officiers, l'autre de canonniers-pompiers, forte de 58 hommes et de 2 officiers. Les pompes, à la même époque, étaient au nombre de quatre : quatre grandes pompes étaient remisées dans les magasins de la Ville, à côté du théâtre, et une petite pompe se trouvait au faubourg Très-Cloîtres.

Le service des incendies avait été organisé dans notre ville ensuite d'un arrêt qu'avait pris le Parlement de Grenoble, le 16 avril 1750. La municipalité acheta alors deux grandes pompes, deux moyennes et six petites, ainsi que 600 seaux d'osier goudronnés et doublés de cuir de vache. Ces pompes furent emplacées dans les bâtiments des Récollets, des Augustins, des Frères et des Capucins. En même temps avaient été formées une compagnie d'ouvriers et quatre compagnies de pompiers de 50 hommes chacune, placées sous les ordres d'un capitaine, d'un lieutenant, d'un inspecteur, d'un directeur et d'un sous-directeur. Les hommes étaient uniformément revêtus d'une veste de toile blanche et portaient un bonnet avec plaque en laiton sur laquelle étaient gravées les armes de la Ville

18 avril 1807. — On reçoit à Grenoble douze éta-

lons provenant du haras de la Vénerie, qui devaient
constituer le premier fond d'un nouvel haras que le gouvernement avait l'intention de créer dans le département
de l'Isère. Ce dépôt d'étalons placé par le préfet, sous la
direction de M. Dastier (1), ancien inspecteur des haras
royaux dans le Dauphiné, fut établi provisoirement dans
les bâtiments de l'ancien couvent des Carmes, au faubourg
Très-Cloîtres. Installé en vertu d'un décret du 7 avril
1809, dans les bâtiments de l'ancien monastère de Sainte-
Claire, à la place occupée de nos jours par le marché
couvert, le haras de Grenoble fut transféré, en 1813, au
château de la Plaine. Cette nouvelle installation coûta à
l'Etat 83,390 francs, sur lesquels la ville de Grenoble
fournit 7,000 francs et le département 16,009 francs. Ce
haras subsista jusqu'en 1840, époque à laquelle il fut supprimé, et les bâtiments vendus à l'œuvre du Bon-
Pasteur.

Mai 1807. — Durant les derniers jours du mois de
mai 1807, arrivèrent à Grenoble trois Frères des Ecoles
chrétiennes. Voici en quels termes les *Annales du département de l'Isère* rendirent compte de la réception
qui leur fut faite :

« L'arrivée des Frères de l'Ecole chrétienne dans notre
« ville a causé parmi le peuple la joie la plus vive et a
« donné lieu à une scène bien attendrissante. Ils n'eurent
« pas plutôt mis pied à terre, que M. le Maire de Greno-
« ble, après les avoir accueillis avec la plus cordiale
« bienveillance, les conduisit, accompagné de M. le curé
« de la Cathédrale (2), dans la maison qui leur était des-

(1) Confirmé chef du dépôt d'étalons de Grenoble, par décret
du 23 novembre 1809.

(2) Le curé de la Cathédrale était alors M. d'Oudard de Lagrée, qui apporta tous ses soins au rappel des Frères à Grenoble.

« tinée, rue Saint-Laurent. Le peuple, en les voyant, les
« reconnut bientôt à leur costume. Ce ne fut qu'un cri
« général d'allégresse. Les artisans sortirent de leurs
« ateliers ; hommes, femmes, enfants, tous s'empressè-
« sèrent autour d'eux. M. le Maire fut comblé de béné-
« dictions, et les respectables Frères, des témoignages les
« plus authentiques d'affection et d'estime. »

Les premiers frais de l'installation des Frères à Grenoble furent couverts par des souscriptions qui s'élevèrent
à la somme de 2,400 francs (1), et leur ancienne maison
de la rue Saint-Laurent leur fut rendue en vertu d'une
délibération du Conseil municipal, prise le 16 juin 1807 :
la ville s'engagea à y faire les réparations nécessaires et
à compléter le traitement des Frères, en cas d'insuffisance
des souscriptions.

L'ouverture des deux premières classes eut lieu à Saint-
Laurent le 1er juillet ; elle avait été annoncée au public
par un avis du maire Renauldon, en date du 25 juin, que
nous croyons devoir reproduire en partie :

« L'absence des Frères des Ecoles chrétiennes et gra-
« tuites causait depuis longtemps les regrets d'un très-
« grand nombre d'habitants de cette ville, qui, n'ayant
« pas les moyens de payer les frais d'instruction de leurs
« enfants, avaient la douleur de voir qu'ils perdaient les
« plus utiles, les plus belles années de leur jeunesse dans
« une funeste oisiveté.

« L'administration municipale vient d'assurer le réta-
« blissement de cette intéressante institution, qui existait
« à Grenoble depuis cent ans (2). »

---

(1) Voir, à ce sujet, deux appels adressés au public, sous ce
titre : *Ecoles chrétiennes ;* l'un du mois de juin 1807, l'autre
du 9 mai 1808.

(2) Les Ecoles chrétiennes de Grenoble avaient été créées
en 1707 par l'abbé de La Salle lui-même, sur la demande qui
lui en fut faite par M. de Saléon, chanoine de Saint-André,

Au mois d'octobre suivant, une seconde école fut ouverte, rue des Mûriers, dans les bâtiments qu'occupaient, avant la Révolution, les Orphelines. En 1812, une troisième école fut établie dans les bâtiments de la Halle, et le nombre des Frères fut porté à onze. En 1814, les Frères cédèrent leur local de la Halle à la gendarmerie, et réunirent cette école à celle de la rue des Mûriers. En 1824, la ville prit à sa charge le traitement de douze Frères, à raison de 600 francs par an pour chacun, et en 1853, fit construire, moyennant 54,000 francs, non compris la valeur du sol, qui lui appartenait, l'école actuelle de la rue de *La Salle.*

9 août 1807. — Le maire de Grenoble, accompagné de ses adjoints, les commissaires et officiers de police, et les principaux employés de la mairie, tous à cheval, escortés de 500 hommes sous les armes, tant de la garnison que de la garde bourgeoise, et précédés d'une musique composée de plus de 60 amateurs, parcourent les divers quartiers de la ville pour y faire la proclamation des traités de paix conclus avec la Russie et la Prusse. Durant cette promenade, le canon ne cessa de tonner et toutes les cloches sonnèrent. Le soir, il y eut de brillantes illuminations.

22 octobre 1807. — Décès à la Tronche, près de Grenoble, de l'abbé Jean-Baptiste Pollin, romancier et moraliste, membre de plusieurs sociétés savantes, né à Grenoble, le 12 décembre 1729. On lui doit entre autres

---

et par M. l'abbé Canel, conseiller-clerc au Parlement, au nom d'un comité formé à Grenoble, pour l'instruction de la jeunesse. On trouvera divers renseignements intéressants sur les Ecoles chrétiennes de Grenoble, dans *le Vrai livre du peuple,* de M. Frédéric Taulier, et dans une brochure intitulée : *Appel à la charité en faveur des Ecoles chrétiennes de Grenoble.*

publications : Le *Citoyen des Alpes*, le *Hameau de l'Agnelas*, et diverses idylles : *Tabatières*, *Phœbé*, *Sophis*, etc. Il avait lu, en l'an VII, à la Société des sciences et arts de Grenoble, dont il était membre, un roman politique intitulé : *Polydore*.

29 novembre 1807.—L'Œuvre des orphelines prend possession du deuxième étage d'une maison située rue des Mûriers, que la municipalité de Grenoble avait libéralement mis à sa disposition. Cette institution charitable, établie en 1638, et supprimée durant la Révolution, avait été reconstituée en 1805, par M. d'Oudart de Lagrée, curé de la cathédrale. En 1817, les dames directrices de cette Œuvre achetèrent une maison place des Tilleuls, où est encore aujourd'hui installée cette institution, placée, depuis le 20 mars 1828, sous la direction des sœurs de Notre-Dame-de-Sainte-Marie.

25 août 1807. — Un arrêté du maire de Grenoble confirme l'Œuvre de la Miséricorde. Cette association de dames pieuses, qui se propose pour but de donner aux prisonniers des secours temporels et spirituels, avait été établie à Grenoble, en 1777, et reconstituée en 1801.

23 décembre 1807. — Décès à Grenoble de Pierre-Vincent Chalvet, littérateur, membre de l'Académie celtique de Paris et de la Société des sciences et arts de Grenoble, né dans cette dernière ville en 1767. Destiné à l'état ecclésiastique il entra d'abord dans les ordres, puis, abandonnant cette carrière, il alla passer plusieurs années à Paris où il se fit admettre à l'École normale. Il revint ensuite dans sa ville natale, où il fut nommé professeur d'histoire à l'École centrale du département de l'Isère, lors de la création de cette institution en l'an IV. Après la suppression de l'Ecole centrale, il ne fut pas compris dans le nombre des professeurs du Lycée, mais

7

fut nommé bibliothécaire adjoint. A la mort de M. Ducros, en 1807, il devint bibliothécaire en titre (1).

Voici la nomenclature des ouvrages qu'a publié Chalvet : I. *Observations sur l'état présent de la littérature française*. Grenoble, Giroud, in-8, 20 pp. —
II. *Journal chrétien, ou l'ami des mœurs, de la religion et de la paix ;* puis, *ou l'ami des mœurs, de la
religion et de l'égalité*. Grenoble, 1791-92, 2 vol., in-8.
— III. *Des qualités et des devoirs d'un instituteur
public*. Paris, Lavilette, 1793, in-8, 70 pp. — IV. *Bibliothèque du Dauphiné, par Guy Allard, contenant
l'histoire des habitants de cette province qui se sont
distingués par leur génie, leurs talents et leurs con-
noissances. Nouvelle Edition, revue et augmentée.*
Grenoble, Giroud, 1797, in-8, de 340 pp. — V. *Discours
sur l'étude de l'histoire ancienne, prononcé le 1er frimaire, à la rentrée des Ecoles centrales du département de l'Isère*. Grenoble, Giroud, 1797, in-8,
16 pp. — VI. *Discours prononcé à la fête du 14 juillet*. Grenoble, Cadou et David, 1799, in-8, 8 pp. —
VII. *Discours prononcé le 10 fructidor à la fête de
la vieillesse*. Grenoble, Cadou et David, 1799, in-8,
8 pp. — VIII. *Rapport sur l'état de l'instruction publique dans le département de l'Isère*. Grenoble, Cadou
et David, 1799, in-8, 24 pp. — IX. *Extrait raisonné
de l'Eloge de M. Ricard, préfet de l'Isère*. Grenoble,
David cadet, 1800, in-8, 8 pp. — X. *Eloge historique
de Moreau de Vérone*. Grenoble, 1801, in-8 (*Fr. litt.*
de Quérard). — XI. *Discours servant d'introduction
à un cours de philosophie*. Grenoble, 1806, in-8. —
XII. *Poésies de Charles d'Orléans.....* Grenoble, Giroud, 1803, in-12, de 420 pp. — XIII. *L'Eclipse, ode*.
Grenoble, 1803, in-4, 8 pp. — XIV. Il a été un des

(1) Voir sur Chalvet, la *Biographie du Dauphiné*, de
M. Rochas.

principaux rédacteurs du *Clairvoyant*, journal publié à Grenoble, de 1797 à 1800, chez Cadou et David, petit in-4, de 546 n^{os}.

De l'an V à l'an XI, Chalvet a lu à la Société des sciences et des arts de Grenoble, les Mémoires suivants : — I. Rapport sur la translation du mausolée de Bayard, de l'ancienne église de la Plaine, au Musée de Grenoble (15 prairial an V). — II. Mémoire sur la législation de Moïse et les mœurs des Hébreux (30 nivôse an VII). — III. Notice sur l'histoire et les antiquités du département de l'Isère (14 prairial an VII). — IV. Mémoire sur l'établissement d'une École de musique à Grenoble (an XI).

27 janvier 1808. — Messieurs Adnet et Dugrand, artistes distingués du théâtre de la Porte-Saint-Martin, débutent sur la scène de Grenoble. Ils séjournèrent dans cette ville jusqu'à la fin de février, et jouèrent entre autres pièces : Le *Vieux Célibataire*, le *Bourru bienfaisant*, la *Femme jalouse*, les *Frères de l'épreuve*, l'*Oncle mort et vivant*, le *Devoir et la Nature*. Avant de quitter Grenoble, où ils avaient reçus l'accueil le plus flatteur, ils adressèrent au public les vers suivants :

AU PUBLIC DE GRENOBLE,
le 26 février 1808.

Dans les domaines de Thalie,
Près des champs où *Fleury* se plaît à moissonner,
Où par *Molé* la palme fut cueillie,
Naguère on nous voyait glaner.

Naguère on nous voyait essayer sur la scène,
D'un pas que chaque jour rendait moins incertain
Le cothurne de Melpomène,
Que *Talma* chausse après *Le Kain*.

Mais on a fermé la carrière
Où l'amour des beaux-arts nous avait introduits,
Et le destin nous a conduits
Aux rives que baigne l'Isère.

En approchant des bords illustrés par *Bayard*,
  Où règne un goût héréditaire,
Nous avons redouté le jugement sévère
  Des neveux du *Gentil-Bernard*.

  Tel dans nos arénes glissantes
Obtint quelques lauriers, qui les verrait flétris
Chez un peuple formé par les leçons savantes
  Des *Condillacs* et des *Mablys*.

    Et qui de nous, suivant vos traces,
    Peindrait les penchants les plus doux,
    Sexe charmant, divines Grâces,
    S'il n'était inspiré par vous ?

A répandre en ces murs les faveurs les plus chères,
  Un dieu sans doute prend plaisir ;
  L'autorité s'y fait bénir
  Et vos magistrats sont vos pères.

Tandis que de *Servan* les dignes successeurs,
Au temple de Thémis rappelant l'éloquence,
  Protègent la faible innocence
  Contre ses puissants oppresseurs ;
Que dans son sol natal l'arbre de la science
Porte en tout temps et des fruits et des fleurs !
Tels sont, Messieurs, nos vœux et nos hommages :
    Vos applaudissements flatteurs
    Et vos honorables suffrages,
    Nous les emportons dans nos cœurs !

      Par MM. DUGRAND et ADNET.

17 mars 1808. — Le décret interprétatif de la loi
sur l'enseignement supérieur statua que Grenoble serait
le siège d'une Faculté des lettres et d'une Faculté des
sciences.

Les premiers professeurs de la Faculté des lettres
furent : Jean-Gaspard Dubois-Fontanelle **(1)**, doyen

---

(1) Né à Grenoble le 29 octobre 1737, décédé dans la même
ville le 15 février 1812. Voir sur ce littérateur la *Biographie
du Dauphiné*, de M. Rochas.

(histoire) ; Jean-François Champollion le jeune (professeur-adjoint d'histoire) ; Faguet (littérature française) ;
Baston-Lacroix (littérature latine) ; Jacques-Joseph
Champollion-Figeac (1) (littérature grecque) ; Lesbros
(philosophie).

Ceux de la Faculté des sciences : Chabert, doyen
(mathématiques appliquées) ; Bret (mathématiques pu-
res) ; François-Marie-Hippolyte Bilon (2) (sciences
physiques).

Les cours de la Faculté des lettres furent ouverts le
26 mai 1810, dans l'hôtel de Saint-Maurice, situé rue
Neuve.

Supprimée par ordonnance royale du 18 janvier 1816,
la Faculté des lettres fut rétablie en 1847.

7 juin 1808. — Débuts, sur la scène du théâtre de
Grenoble, de M., Mme et Mlle Taglioni, célèbres artistes
danseurs de l'Académie de musique du roi de Naples. Ils
se montrèrent dans divers ballets fort appréciés du public,
notamment dans les *Jeux de Pâris et d'Œnone sur le
mont Ida, Annette et Lubin, Une demi-heure de
caprice.*

A la dernière représentation qu'ils donnèrent, le 19 juin,
l'un des spectateurs, M. Lhoste, adressa à Taglioni les
vers suivants :

> Favori du dieu de la danse,
> Tu surpasses, dans ce beau jour,
> Nos désirs et notre espérance.
> Gracieux, léger tour à tour,
> Tu captives tous les suffrages,
> Et le tribut de nos hommages
> N'est qu'un légitime retour.
> Deux beautés, filles de Zéphyre,

(1-2) Ces deux professeurs furent suspendus de leurs fonctions le 9 novembre 1815.

Embellissent tes jeux charmants,
Et leurs pas légers et brillants
Immortalisent ton empire.
Demeure sur ces bords heureux,
Fixes-y le séjour des Grâces;
Nous suivrons sans cesse leurs traces ;
Nous applaudirons à leurs jeux.
Mais c'est en vain; à l'Italie,
Tu vas prodiguer tes faveurs,
Et déjà l'aimable folie
A semé ta route de fleurs.
Puisses-tu les fouler sans cesse
Sans parvenir à les faner,
Et goûter au sein de l'ivresse
Le plaisir que tu sais donner !

F. LHOSTE.

15 juillet 1808. — Une délibération du Conseil municipal de Grenoble, approuvée par décret impérial du 1er juillet 1809, organise un cours public de dessin dans le local du Musée de peinture et de sculpture. Ce cours fut ouvert le 14 novembre 1809, sous la direction de M. Jay, conservateur du Musée.

8 septembre 1808. — La légion portugaise au service du gouvernement français, arrive à Grenoble, pour s'y organiser définitivement. Cette troupe, à la rencontre de laquelle une partie de la population alla jusqu'à Eybens, amena à sa suite un grand nombre de femmes et de filles, dont un arrêté du préfet, en date du 12 mai 1813, ordonna en partie le rapatriement en Espagne et en Portugal.

9 mars 1809. — On joua, ce jour-là, sur la scène du théâtre de Grenoble, un vaudeville en un acte : Le *Revenant ou l'esprit en défaut,* qu'avait composé un élève de la Faculté de droit de cette ville. Le 24 mars suivant, on donna également pour la première fois un opéra en trois actes, *Gonzalve et Zuléma,* dont les paroles étaient de M. Perret, employé à la préfecture et la musique de M. Lintant, directeur du spectacle de Grenoble. Ces deux pièces eurent beaucoup de succès.

2 juillet 1809. — Environ trois cents prisonniers de guerre espagnols, dirigés sur Bourgoin, pour y travailler au desséchement des marais, séjournèrent à Grenoble, où ils furent logés dans l'église de l'ancien couvent des Carmes, au faubourg Très-Cloîtres.

21 juillet 1809. — Le pape Pie VII, prisonnier de l'empereur Napoléon, arrive à Grenoble à six heures du soir, accompagné du cardinal Pacca, du prélat Doria Pamphili, de son aumônier, de son médecin et de son chirurgien. Il fut logé à la Préfecture, tandis que l'on fit descendre les personnes qui l'accompagnaient à l'hôtel de Belmont. Durant le séjour qu'il fit dans notre ville, le pontife se promena régulièrement chaque jour une demi-heure environ sur les terrasses du Jardin-de-Ville, d'où l'on faisait sortir le public qui allait se réunir dans le bois du jardin pour recevoir la bénédiction papale à travers les grilles. Le pape partit précipitamment de Grenoble dans la nuit du 2 au 3 août suivant.

6 octobre 1809. — Un décret impérial, en date de ce jour, donné au palais de Schœnbrunn, crée à Grenoble un Tribunal de commerce qui devait se composer d'un président, de quatre juges et de quatre suppléants. Les élections des premiers membres qui devaient le composer eurent lieu le 4 juin de l'année suivante. Furent nommés, président : Charles Durand ; juges : Augustin Perier, Pellat aîné, François Berlioz et Claude Ducruy aîné ; suppléants : Joseph Chanrion, Antoine Barthelon, Henry Mounier et Dufresne. Ils prêtèrent serment le 29 janvier 1811 et furent installés par le préfet le 16 fé-

vrier suivant. La première audience eut lieu le 18 février
dans le local qui avait été assigné à cette institution dans
l'hôtel Saint-Maurice, situé rue Neuve.

24 mars 1810. — Départ pour Paris, de M. Renauldon, maire de Grenoble, qui se rendait aux cérémonies du mariage de l'Empereur, auxquelles il avait été
invité par la lettre suivante :

« Paris, le 16 mars 1810.

« Le Ministre de l'intérieur, comte de l'Empire, à
« Monsieur le Mair de Grenoble.

« L'Empereur veri, Monsieur, avec plaisir que les
« maires des bonnes villes de l'Empire désignées par les
« décrets de S. M. comme devant, aux termes de l'ar-
« ticle 52 du sénatus-consulte du 28 floréal an XII, as-
« sister à son couronnement, soient présents aux céré-
« monies de son mariage. Sa Majesté vous autorise, en
« conséquence, à venir à cet effet à Paris ; mais je vous
« préviens qu'il est nécessaire que vous y soyez rendu,
« au plus tard, le 31 du courant.

« Recevez, Monsieur, l'assurance de ma considé-
« ration.

« MONTALIVET. »

29 avril 1810. — Célébration des fêtes données à
l'occasion du mariage de l'Empereur. Ces fêtes se composèrent notamment : Du mariage de dix époux que do-
tait l'État ; de la délivrance d'un prix de 600 francs à
celui des manufacturiers de la ville qui avait le mieux exécuté les objets fabriqués dans ses ateliers ; d'un banquet
offert par la municipalité aux nouveaux mariés ; de fon-
taines de vin installées dans le Jardin-de-Ville, et sur
diverses places ; d'un bal public ; de la distribution d'une
somme de 1,500 francs aux malheureux et de celle de
rations de vin et de viande aux prisonniers ; enfin, de
brillantes illuminations.

Au devant de la Préfecture se dressait un magnifique portique de feu, sur le fronton duquel on lisait cette inscription :

EX AVGVSTORVM CONCORDIA PAX ET HYMENÆVS

A quelques pas plus loin, au-dessus de la voûte de l'Hôtel-de-Ville, se voyait un transparent avec ces lignes :

> A Napoléon,
> A Marie-Louise,
> La France heureuse
> De leur bonheur.

Sur la porte du Lycée :

> Plaudunt hymenæo,
> Ferent ad sidera
> Musæ.

Enfin, les membres du Cercle La Roche avaient fait exécuter un transparent qui représentait l'Empereur couronnant l'Impératrice qui lui offrait une branche d'olivier ; au-dessous, ces mots :

> Pour le bonheur de tous

avec ce quatrain :

> Le plus grand des héros l'appelle au plus beau trône,
> Mais en voyant Louise accepter la couronne,
> Le Français est certain qu'elle apporte en retour
> L'olivier de la paix, le bonheur et l'amour.

19 août 1810. — Bénédiction solennelle du cimetière de Saint-Roch, par l'évêque de Grenoble, à l'issu des vêpres, au milieu d'une affluence considérable de la population, invitée à cette cérémonie par une ordonnance épiscopale, lue au prône de chaque église, le dimanche précédent. La ville entière accourut à cet appel. Chaque paroisse avec son clergé se rendit à la Cathédrale ; de là, toutes les paroisses réunies, suivies de leur premier pasteur, se mirent en marche processionnellement au son des cloches.

Arrivé au cimetière, l'évêque Claude Simon prononça un discours approprié à la circonstance et qui fut écouté par une foule immense avec recueillement et respect. La cérémonie dura quatre heures.

Dès le lendemain, on commença à inhumer dans le nouveau cimetière, dont la création avait été arrêtée par une délibération du Conseil municipal du 6 septembre 1808, en remplacement du cimetière organisé en l'an VIII sur les bords du Drac.

Le cimetière de Saint-Roch, ainsi appelé du nom d'un oratoire voisin dédié à la mémoire de ce saint et auprès duquel on ensevelissait jadis les pestiférés, prit en peu d'années un aspect grave et majestueux. On y construisit, en 1826, la chapelle à laquelle aboutit l'allée principale, et qui a été érigée aux frais de diverses personnes. Après la Révolution de 1830, on transféra à côté de la chapelle une croix de la mission, qui était auparavant sur l'ancien pont de pierre. Plus tard, en 1844, on plaça des stations d'un chemin de croix à droite et à gauche de la même allée. Ajoutons que depuis son établissement le cimetière de Saint-Roch a été agrandi à trois reprises différentes.

15 septembre 1810. — Environ cent cinquante moines espagnols de différents ordres, pris les armes à la main, arrivèrent à Grenoble comme prisonniers de guerre. Ils partirent le 17 du même mois, après avoir célébré une grand' messe en musique dans l'église du séminaire, où ils étaient logés.

23 mars 1811. — Un courrier apporte au général baron Delaroche, commandant la 7ᵉ division à Grenoble, l'annonce de l'heureuse délivrance de l'Impératrice. Le lendemain, ce général donna un bal brillant, dans lequel on chanta la cantate suivante, improvisée pour célébrer la naissance du prince impérial :

> Du plus grand des héros illustre rejeton,
>   Toi sur qui notre espoir se fonde,
> Enfant dont les destins sont les destins du monde,
>   Salut ! salut ! Napoléon !

>   De la plus auguste alliance,
>   Gage sacré, tu seras désormais
>   L'orgueil et l'amour de la France.
> Enfant si désiré, ton auguste naissance
> Met en ce jour le comble à nos souhaits :
>   Puise au sein de ta chaste mère
> Le germe des vertus et deviens à la fois,
> En suivant pas à pas les traces de ton père,
> Et l'appui de ton peuple et l'exemple des rois.
>   Du plus grand des héros, etc.

> Dans l'art de gouverner, d'acquérir de la gloire,
> D'un maître si savant suis en tout la leçon.
> Comme lui tu seras le fils de la Victoire ;
>   Tu soutiendras tout l'éclat de son nom.
>   Salut ! salut ! Napoléon (1).

Mai 1811. — Une députation choisie par la Ville de Grenoble pour présenter à l'Empereur ses félicitations, à l'occasion de la naissance du roi de Rome, part pour Paris. Cette députation était composée de MM. Renauldon, maire ; Giroud, receveur général ; Didier, membre du collège électoral ; Durand, président du Tribunal de commerce, tous membres du Conseil municipal, et de Montal, propriétaire.

---

(1) Cette cantate, dont les paroles sont de M. Miroir et la musique de M. Bédard, est insérée dans le *Journal du département de l'Isère*, n° 37, de l'année 1811. On trouve dans le même numéro une adresse de la Cour d'appel de Grenoble, à S. M. l'Empereur et Roi.

De plus, MM. Renauldon, Giroud et Durand assistèrent officiellement, le 2 juin suivant, en qualité de délégués de la Ville, aux cérémonies du baptême du jeune prince.

8 mai 1811. — Arrivée du sénateur comte Abrial, titulaire de la sénatorerie de Grenoble, commissaire délégué par décret impérial du 17 avril précédent, pour procéder à l'installation de la Cour impériale de Grenoble. Cette cérémonie, qui eut lieu le 10 mai, fut suivie d'un dîner de gala, donné dans la salle des actes civils de l'Hôtel-de-Ville. M. Abrial quitta Grenoble le 14 du même mois.

6 juin 1811. — Des lettres-patentes données à Saint-Cloud, datées de ce jour, concèdent à la ville de Grenoble, *bonne ville de France de premier ordre,* les armes suivantes : d'argent à trois roses de gueules, au chef de gueules, à trois abeilles en face d'or, surmontées d'une couronne murale à sept créneaux, sommée d'une aigle naissante, le tout d'or, et traversées d'un caducée du même, posé en face, auquel sont suspendus deux festons servant de lambrequins, l'un à dextre de chênes, l'autre à sénestre d'olivier, aussi d'or, noués et rattachés par des bandelettes de gueules.

A la chute de l'Empire, en 1814, Grenoble reprit ses anciennes armes : d'argent à trois roses de gueules, posées deux et une.

La vérification des armoiries de Grenoble, prescrite d'abord par le décret du 17 mai 1809, et, plus tard, par l'ordonnance du roi du 26 décembre 1814, coûta à cette ville, pour droit de sceau, en 1807, la somme de 600 fr., et, en 1826, celle de 192 francs.

Par le paiement de ces sommes et en sa qualité de bonne ville, Grenoble a pu jouir de l'honneur d'avoir vu figurer, pendant le premier Empire et sous les deux monarchies de la Restauration et de 1830, ses armoiries sur les pliants de la salle du Trône (1).

9 juin 1811. — Fêtes données à l'occasion de la naissance du roi de Rome. Dans la matinée, eurent lieu les cérémonies du mariage de dix militaires avec autant de jeunes filles dotées par la municipalité, et un *Te Deum* auquel assistèrent des délégations de toutes les sociétés d'arts et métiers, fut chanté dans l'église cathédrale. Le soir, la ville fut illuminée et un bal public, où ne cessa de régner la cordialité la plus parfaite, réunit dans la salle de spectacle toutes les classes de la population.

22 septembre 1811. — Décès de Pierre Revol, président à la Cour impériale de Grenoble, l'un des magistrats les plus distingués de cette ville. Né à l'Albenc, le 4 septembre 1747, il fut reçu, le 10 décembre 1767, avocat au Parlement de Grenoble. En 1788, il fut élu député pour le Tiers-Etat aux Etats provinciaux de Romans, et, en janvier 1789, député aux Etats-Généraux. Après la Révolution, il fut successivement : membre du Conseil général du département de l'Isère, du 24 prairial an VIII au mois de décembre 1809 ; suppléant au Tribunal civil de Grenoble (1802) ; substitut du procureur général (1803); juge à la Cour d'appel (1806), et enfin troisième président à la Cour impériale (1811).

15 février 1812. — Décès de Jean-Gaspard Dubois-Fontanelle, littérateur, né à Grenoble le 21 octobre 1737. Fils d'un procureur au Parlement de Grenoble, après avoir terminé ses études chez les Jésuites de la même ville, il se rendit à Paris, vers la fin de l'année 1755,

---

(1) Les armoiries figurées sur ces pliants étaient exécutées en tapisserie par la manufacture de Beauvais.

où, sur la recommandation de l'abbé de Mably, il fut employé à la rédaction de l'*Année littéraire* de Fréron. Il devint rédacteur de la *Gazette des Deux-Ponts,* de 1770 au 1er juin 1776, et fut chargé de la partie politique du *Mercure de France,* de 1778 à 1784; il collabora en outre au *Journal de politique et de littérature* de Panckoucke, et à la *Gazette de France.* Tout en étant journaliste, il livra à la publicité et fit jouer au Théâtre-Français diverses comédies qui n'eurent qu'un succès médiocre et n'auraient point contribué à faire un nom à leur auteur, si *Ericie ou la Vestale,* du même écrivain, tragédie censurée et interdite par l'autorité, ne fût point venue lui donner une réputation de circonstance. Rentré en Dauphiné à l'époque de la Révolution, Dubois-Fontanelle se fixa à Grenoble, où il devint professeur de belles-lettres à l'Ecole centrale, de 1796 à 1804; bibliothécaire de la ville en 1808; enfin, lors de la création de l'Université, en 1809, doyen de la Faculté des lettres et professeur d'histoire.

Ce fut Champollion-Figeac qui se chargea de prononcer sur sa tombe son éloge funèbre (1).

M. Adolphe Rochas, dans sa *Biographie du Dauphiné,* et M. Pilot, dans un article biographique inséré dans le n° 72 de la *Revue des Alpes,* ayant énuméré au long les diverses publications et ouvrages de Dubois-Fontanelle, nous nous dispenserons d'en reproduire la nomenclature. Nous nous contenterons de faire remarquer que ce dernier auteur attribue à Fontanelle un drame en quatre actes et en vers, *Lorédan* (1779, in-8°), et deux volumes de contes et mélanges en vers et en prose, intitulés *Mes Juvenilia,* que ne mentionne point M. Rochas, et que, de plus, il donne l'énumération de dix-neuf opuscules ou pièces de vers que Fontanelle lut, de l'an VII

---

(1) Cet éloge funèbre est inséré dans les Annales du département de l'Isère, année 1812, n° 23.

à l'an XIV, à la Société des sciences et arts de Grenoble,
dont il était membre.

La bibliothèque de Grenoble possède un buste en plâtre
ainsi qu'un portrait à l'huile de Dubois-Fontanelle.

6 avril 1812. — Arrivée à Grenoble du sénateur
comte de Beaumont, qui était chargé d'organiser dans
cette ville les 23°, 24° et 25° cohortes (1), créées par
décret du 14 mars précédent, avec les hommes du premier ban de la garde nationale, des classes de 1807 à 1812,
appartenant aux départements de l'Isère, des Hautes-
Alpes, de la Drôme, du Léman et du Mont-Blanc.

La gendarmerie et les troupes de ligne rendirent à ce
général inspecteur les honneurs dus à son rang, et un
détachement de la garde nationale, précédé d'une musique formée par des jeunes gens de la ville, alla au-devant de lui et l'accompagna jusqu'à l'hôtel de Franquières,
où il fut logé. Le général de Beaumont quitta Grenoble
le 27 mai suivant.

9 mai 1812. — Le roi d'Espagne Charles IV, accompagné de la reine, des princesses ses filles et du prince de
la Paix, arrive à Grenoble à six heures du soir, venant
de Marseille et se rendant à Paris. Il descendit à l'hôtel
de la Préfecture, où il fut reçu à la portière de sa voiture
par le préfet et par le maire, qui le conduisirent dans les
appartements qui lui avaient été destinés et qui avaient
été décorés avec la plus grande élégance. Ce prince partit de Grenoble le lendemain matin, à huit heures, après
avoir témoigné au préfet et au maire toute sa satisfaction.

9 juin 1812. — Installation des membres du Conseil

---

(1) Chacune de ces cohortes devait avoir un effectif de
888 hommes.

académique, nommés par arrêté du grand-maître de l'U-
niversité, du 20 mai précédent. Ce conseil fut composé
de MM. Pal, recteur; Lacoste et Falquet de Planta,
inspecteurs d'Académie; Planel, doyen de la Faculté de
droit; Jolly et Berriat-Saint-Prix, professeur à la même
Faculté; Chabert, professeur à la Faculté des sciences;
Champollion-Figeac, professeur à la Faculté des lettres;
Gattel, ancien proviseur, officier de l'Université, et
Fournet, proviseur du Lycée.

18 août 1812. — Arrivée à Grenoble de Talma,
premier acteur du Théâtre-Français. Il se fit successivement applaudir sur la scène du théâtre de cette ville dans
les tragédies suivantes : *Hamlet* (20 août), *Manlius*
(22 août), *Iphigénie en Tauride* (23 août), *Britanni-
cus* (26 août), *Andromaque* (27 août), *Gaston et
Bayard* (29 août), et *Zaïre* (30 août). Il quitta Grenoble le lundi 31 août, après avoir reçu des habitants de
nombreuses marques de sympathie et plusieurs pièces de
vers, au nombre desquelles se trouvaient celles-ci :

A TALMA.

L'encens que nous t'offrons, des vers, une couronne,
  Pour toi, Talma, sont de faibles tributs ;
Mais, pour fêter les dieux, ou les rois sur le trône,
Les mortels n'ont jamais inventé rien de plus.

. . .

Des palmes de la gloire et d'immortels lauriers,
Pour prix du sang versé, que la fière Bellone
Pare le front vainqueur des plus fameux guerriers ;
Le myrte dont Grenoble aujourd'hui te couronne
Est le fruit du plaisir et le prix du talent.
Par toi Le Kain revit, on le voit, on l'entend :
Melpomène en tes mains remit son héritage ;
Deux ou trois jours encor montre-nous son image.

. .

Quelle voix! quels accents! quel charme impérieux!
Quels transports! et quels pleurs coulent de tous les yeux!
Qu'ils sont doux les plaisirs que le talent nous donne!
Qu'ils sont beaux les succès dont le cœur le couronne!
Citoyens, dont l'ivresse éclate en vos douleurs,
Vous devez au talent le plaisir de vos pleurs;
Une fois donc enfin votre voix ose dire;
Ils sont vrais les transports que son art nous inspire.
Avec ses mouvements notre cœur est d'accord,
Et la nature avoue un si charmant effort.
Non, votre esprit frappé de cet art véritable
Jamais n'en oubliera l'empreinte ineffaçable;
Jamais vous n'oublirez l'éclat des jours si purs
Dont Melpomène même a fait briller vos murs.

MELPOMÈNE ET THALIE.

Thalie en souriant disait à Melpomène :
« Vos mains ne portent plus, auguste souveraine,
« Ce poignard dont l'aspect inspirait la terreur. »

MELPOMÈNE.

J'en suis privée, ô ma folâtre sœur :
Talma, le soutien de ma scène,
Brûlant d'avoir ce fer, a su me l'emprunter,
Et maintenant refuse de le rendre.

THALIE.

D'autorité vous devez le reprendre.

MELPOMÈNE.

Eh! pourrais-je mieux le porter?

20 janvier 1813. — Le conseil municipal de Grenoble, après avoir voté la somme nécessaire pour offrir à l'Empereur seize cavaliers montés et équipés, rédige l'adresse suivante :

Sire,

Le premier vœu de la France est de se montrer digne

8

de vos soins et de votre génie, et de conserver la gloire que vous lui avez acquise.

L'histoire retracera les tentatives inutiles et insensées de quelques factieux que la clémence de Votre Majesté avait épargnés ; elle rappellera la défection honteuse d'un général étranger qui trahit l'honneur et la patrie ; mais elle opposera à ces crimes particuliers l'exemple éclatant de la nation française, et le souvenir des sentiments généreux qui animent les citoyens et les guerriers.

Les habitants de la ville de Grenoble ont toujours donné au souverain des preuves de leur zèle ; avec quelle ardeur ne doivent-ils pas répondre à l'appel fait à leur courage et à leur fidélité, lorsqu'un héros préside aux destinées de la monarchie ? De tous leurs devoirs, c'est pour eux le plus sacré et le plus doux à remplir.

Ils s'empressent de présenter à Votre Majesté seize cavaliers, qui seront orgueilleux de combattre sous ses aigles victorieuses.

Une offre aussi modique ne peut être considérée comme un sacrifice ; elle n'aura de prix que si Votre Majesté daigne la recevoir comme un témoignage de leurs sentiments.

Daignez, Sire, agréer aussi l'hommage de notre inviolable fidélité à votre personne sacrée et à l'auguste héritier de votre Empire.

Nous sommes avec le plus profond respect, Sire, de V. M., les très-humbles, très-obéissants et fidèles sujets.

Renauldon, maire ; de Lavalette, 1er adjoint ; Beyle, 2e adjoint ; Piat-Desvial, de Pisançon, Durand (Charles), de Langon, Pasquier aîné, Flauvant, Vernay, Mérand aîné, Vallier, Gagnon, Revol, Champel, Barthelon, Borel-Saint-Victor, Allier, Ducruy aîné, Breton, Giroud, de Barral (Charles-Joseph), Bonin, Perier (Augustin), Arthaud, Alleman-Dulauron, membres du conseil.

Le département de l'Isère répondit avec enthousiasme

à l'appel adressé à la nation par le décret du 4 janvier 1813 et fournit volontairement à l'Etat 277 cavaliers et 312 chevaux, qui furent dirigés, durant le mois de mars suivant, sur différents corps de la garde impériale, les hussards et l'artillerie légère. Du nombre des corporations ou particuliers qui répondirent à cet appel, nous mentionnerons : la Cour de Grenoble, qui vota 6,000 fr. ; la Chambre des notaires de l'arrondissement de la même ville, qui donna 1,000 fr. ; le directeur et les employés des contributions indirectes qui se cotisèrent pour offrir deux chevaux harnachés; M. Renard, payeur de la 7e division militaire, qui fit présent d'un cheval équipé, et M. Charvet, maître de poste à Grenoble, qui donna une superbe jument.

23 mai 1813. — En suite d'une lettre que lui avait adressée, le 11 du même mois, l'Impératrice régente, l'évêque de Grenoble célébra dans l'église cathédrale un *Te Deum,* en actions de grâce de la victoire de Lutzen, auquel assistèrent toutes les autorités de la ville.

19 juin 1813. — Départ de Grenoble d'un premier détachement de quarante gardes d'honneur, qui se rendaient à Lyon, lieu de rassemblement du 4e régiment de cette arme. Un second détachement quitta la même ville le 4 juillet et le dernier détachement partit le 21 du même mois. Du nombre des jeunes gens qui s'enrôlèrent dans cette arme après s'être équipés à leurs frais, nous mentionnerons MM. Billon-Duplan, Couvat-Duterrail, Chabert de Fondville, Fournier de Montbert, de Revel-Duperon, Tercinet, Vallier, etc.

21 juin 1813. — Julliet, comédien ordinaire de l'Empereur, attaché au théâtre Feydeau, arrivé depuis quelques jours à Grenoble, fait ses débuts sur la scène de cette ville par Grégoire dans *Les Visitandines* et Simo-

nin dans *Le Traité nul*. Il joua successivement, les jours
suivants, les rôles de Michelli dans *Les Deux journées*,
de Germond dans *La Jambe de bois*, de Marcé dans
Une heure de mariage, d'Ambroise dans *L'Erreur
d'un beau-père*, de Francisque dans *Une Folie*, de
Jocard dans *Les Trompeurs trompés*, de Maurice dans
Héléna et de Dugravier dans *Les Rendez-vous bourgeois*. Il quitta Grenoble le 28 juin, emportant les ap-
plaudissements de tous les connaisseurs.

21 septembre 1813. — Décès de Henri Gagnon, docteur en médecine, né à Grenoble en 1727. Après avoir
fait ses premières études dans sa ville natale, il alla à
l'Université de Montpellier, où il fut reçu docteur à l'âge
de 24 ans. Il revint ensuite à Grenoble, mais des ordres
supérieurs l'obligèrent d'aller à l'armée, ainsi que plusieurs de ses collègues de la même ville, à la suite de
l'affaire connue sous le nom de l'*assiette*. Rentré définitivement à Grenoble, il devint successivement secrétaire
perpétuel de l'Académie delphinale, membre du bureau
du Collége royal, du jury de l'Ecole centrale, président
de la Société des sciences et des arts, et de celle d'agriculture et d'histoire naturelle, associé de plusieurs Aca-
démies étrangères, doyen du collége des médecins,
membre du jury de médecine, administrateur des hôpitaux et directeur des cours de l'Ecole de chirurgie établie
à Grenoble en 1802.

La Bibliothèque publique, le Cabinet d'histoire naturelle et le Musée de peinture de Grenoble le comptent
au nombre de leurs premiers souscripteurs. Il pratiqua
avec Villars fils les premières inoculations varioliques
qui furent faites dans le département de l'Isère.

Du nombre des mémoires qu'il a publiés, nous citerons :
un *Eloge historique de Déodat Dolomieux*, une *To-
pographie médicale de Grenoble* et une *Histoire
abrégée du galvanisme*. Pendant plusieurs années il

inséra dans les divers journaux de la localité un bulletin
d'observations météorologiques.

Au nom de la Société des sciences et des arts, M. Hip-
polyte Billon prononça un dernier adieu sur la tombe de
cet homme de bien.

Novembre 1813. — A la nouvelle de la défaite de
l'armée française à Leipzig, le conseil municipal de la
ville de Grenoble envoie à l'Impératrice-régente l'adresse
suivante :

« Madame,

« Organes de tous les habitans de la bonne ville de
« Grenoble, nous nous permettons d'exprimer à V. M.
« les sentimens qui les animent dans les circonstances
« actuelles.

« Il n'existe aucun de ses habitans qui ne s'empressât
« de se dévouer pour la gloire du nom français, insépa-
« rable de celle de son auguste monarque. Nul effort,
« nuls sacrifices ne peuvent être pénibles à des hommes
« prêts à immoler, pour une si noble cause, leur vie qui,
« sans l'honneur, n'aurait aucun prix à leurs yeux.

« S'il était possible que leur attachement inviolable
« envers le souverain et la patrie, leur ardeur pour les
« défendre, fussent encore augmentés, ce serait par l'in-
« dignation que leur inspire une des trahisons les plus
« frappantes dont les fastes de l'histoire doivent conser-
« ver le souvenir : un Français comblé des bienfaits de
« son Empereur met en oubli toute reconnaissance, et
« abjure hautement l'amour de sa patrie. Ce n'est point
« à nous qu'il appartient de voir de sang-froid une con-
« duite aussi coupable : la cendre de Bayard est sous nos
« yeux, elle nous rappelle toujours les dernières paroles
« de ce guerrier au connétable de Bourbon.

« Si des Français servent encore sous les drapeaux de
« Suède, sans doute un appel généreux va les exciter à
« rentrer dans leur patrie. S'ils se montraient rebelles à

« l'empire sacré de leur devoir, s'ils demeuraient sourds
« à la voix paternelle de leur monarque légitime, nous
« ne craindrions pas d'invoquer contre eux toute la sé-
« vérité des lois.

 « Tels sont, Madame, les sentimens dont nous nous fai-
« sons gloire. Admis au pied du trône, nous osons prier
« V. M. de faire parvenir l'expression de ces sentimens
« au plus grand des souverains qui aient régné sur la
« France.

 « Nous sommes, etc.

   « Renauldon, maire ; Allier, Giroud, Bonin,
    « Borel-Saint-Victor, Chanrion aîné, Breton,
    « Arthaud, Bernard, Didier, Vallier, Verney,
    « Barthelon, Piat-Desvial, Mérand, Beyle,
    « adjoint, Barral, Durand, Flauvan. »

8 novembre 1813. — Ce jour-là, Martin, artiste
distingué du théâtre Feydeau, premier chanteur des
concerts particuliers de l'Empereur, joue au théâtre de
Grenoble le rôle de Gulisan dans l'opéra du même nom
et celui de Comtois dans *Le Mari de circonstance.* Les
jours suivants il se fit applaudir dans les rôles de Lully,
dans *Lully et Quinault,* Frontin dans *Ma Tante
Aurore,* Frontin dans *Les Visitandines,* Carlin dans
Une Folie, Ordicaldo dans *Le Magicien sans magie,*
Scapin dans *L'Irato,* Alibour dans *Euphrosine,* et enfin
Dermont dans *Maison à vendre.* Il quitta Grenoble le
17 novembre.

10 décembre 1813. — Un premier détachement,
comprenant une partie des trois mille prisonniers anglais
internés à Briançon et dirigés sur l'intérieur de la France,
séjourne à Grenoble ; neuf autres détachements sembla-
bles se succédèrent de deux jours en deux jours, escortés
par la garde nationale des communes où ils passaient et
qui se relevait d'une étape à l'autre.

25 décembre 1813. — La Légion Portugaise, dont le dépôt était en garnison à Grenoble depuis le 18 septembre 1808, et dans laquelle avait journellement lieu de nombreux cas de désertion, est désarmée par ordre du Gouvernement. Cette troupe quitta notre ville le surlendemain 27 décembre et fut dirigée, sans armes, sur la ville de Bourges.

26 Décembre 1813. — La nouvelle que les Autrichiens s'avançaient sur Genève jette l'alarme dans la ville de Grenoble. Les magasins des dépôts, des 5° et 11° régiments d'infanterie de ligne et ceux du 18° régiment d'infanterie légère, en station dans cette ville, reçoivent l'ordre d'évacuer leurs effets sur Valence, et toutes les troupes disponibles de la garnison sont sur-le-champ dirigées sur le département du Mont-Blanc.

Le même jour, le Préfet de l'Isère, prit l'arrêté suivant pour organiser la garde nationale sédentaire :

« Considérant que plusieurs circonstances ont éloigné
« de ce département une partie des troupes de ligne qui
« s'y trouvaient stationnées et employées pour le maintien
« de l'ordre, que divers branches du service public exi-
« gent, et que leur désir unanime autant que leur premier
« devoir est de concourir à l'exécution de tous les ordres
« du gouvernement de Sa Majesté.

« Qu'il est nécessaire qu'il existe dans chaque com-
« mune une force armée à la disposition de l'autorité mu-
« nicipale pour la répression du vagabondage, la conser-
« vation des propriétés ; que cette force doit être princi-
« palement confiée à ceux qui ont le plus d'intérêt à ce
« qu'on l'exerce légitimement et au maintien de l'ordre
« intérieur :

« ART. 1er. — Il sera procédé sans délai dans toute
« l'étendue de ce département, à l'organisation de la
« Garde Nationale sédentaire.

« ART. 2. — Les Maires des communes sont spécia-

« lement chargés de cette organisation ; ils l'effectueront
« conformément aux lois générales ; ils désigneront
« eux-mêmes, sauf à l'approbation ultérieure des auto-
« rités administratives et de Son Excellence le Ministre
« de l'Intérieur, les citoyens les plus propres à remplir
« les grades de sous-officiers et officiers. Cette organisa-
« tion générale est indépendante des ordres qui vont être
« donnés en exécution d'un décret spécial, pour la for-
« mation des compagnies de grenadiers et d'artilleurs
« dans les villes de Grenoble et Vienne.

« MM. les Sous-Préfets se feront rendre compte sur-
« le-champ du résultat de cette opération municipale ;
« ils la dirigeront et la rectifieront au besoin, et à dé-
« faut de fusils de calibre, les citoyens seront armés de
« fusils de chasse et autres armes que l'on pourra réunir
« pour la sureté des personnes, la conservation des pro-
« priétés, la perception des contributions, la circulation
« des subsistances, les règlements de police municipale
« et le maintien de l'ordre public. »

Le lendemain 27 décembre, sur l'ordre du baron de
La Roche, général commandant la 7e division militaire,
dont le siége était à Grenoble, M. Bourgeois de Saint-
Paul, commissaire des guerres, faisant fonctions d'ordonnateur, invite le Préfet à faire approvisionner le fort
Barraux pour dix jours et pour une garnison de trois
cents hommes.

Le surlendemain 29, l'approvisionnement de la même
place était réclamé pour un mois et pour cinq cents hommes, et enfin, par un nouvel ordre du 7 janvier, il l'était
pour trois mois et pour six cents hommes.

28 Décembre 1813. — Le commissaire des guerres,
précédemment nommé, informe le Préfet qu'il reçoit
l'ordre de faire réquisitionner à Grenoble et dans le département de l'Isère toutes les denrées nécessaires à l'approvisionnement des différentes places fortes du département des Hautes-Alpes.

Le même jour, le Préfet prit divers arrêtés qui témoignent de toute l'inquiétude où l'on était alors plongé. Par un premier arrêté, il confia à M. Thiebaut, commandant la compagnie de réserve, le drapeau donné à la garde nationale de Grenoble par l'Empereur, lors de son couronnement, et charge cet officier « *de prendre toutes les mesures de précaution que sa prudence lui suggérera pour éviter que le dépôt confié à ses soins ne tombe entre les mains de l'ennemi.* » — Par un second arrêté, il charge M. Savoye des Grangettes et M. de Chalvet, conseillers de préfecture, de réquisitionner les objets d'équipement nécessaires au 18e régiment d'infanterie légère, ensuite d'une lettre du général de La Roche, datée de la veille. — Par un troisième arrêté, il enjoint au chefs de division de l'administration de choisir les papiers de comptabilité, les plans, cartes, renseignements topographiques et statistiques importants, les notes et renseignements personnels, les registres de conscription, procès-verbaux du conseil, correspondance officielle, lettres confidentielles des ministres, et de les remettre à un commissaire désigné à cet effet, et qui était chargé de préparer les moyens de transport propres à assurer l'envoi de tous ces papiers hors de la partie du territoire envahi par l'ennemi. — Enfin, par un autre arrêté, M. Bravet, maire de la commune de Barraux, est nommé commissaire spécial pour recevoir à leurs arrivée les denrées requises pour l'approvisionnement du fort Barraux et en donner récépissé aux divers fournisseurs.

2⁸ Décembre 1813.— Deux arrêtés, pris par le Préfet ce jour-là, méritent d'être mentionnés :

Par le premier, M. Didier, auditeur au Conseil d'Etat et Sous-Préfet de l'arrondissement de Grenoble, est chargé de procurer dans cet arrondissement, ou même s'il en est besoin, dans toute l'étendue du département, par voie de réquisition, les divers objets d'approvisionnement réclamés par le commissaire ordonnateur.

Par le second, M. Beaufort, secrétaire général de la préfecture, est chargé de correspondre chaque jour avec les sous-préfets, pour les informer *des faits officiellement ou vraisemblablement connus, concernant le service de l'Empereur et l'intérêt de ses sujets et résultant de la marche de l'ennemi dans les cantons suisses.* « Le but de cette correspondance, ajoute l'ar-« rêté, est de donner aux fonctionnaires exerçant l'ad-« ministration dans les arrondissements, les moyens de « dissiper les bruits faux et exagérés, et de leur faire « connaître avec autant d'exactitude qu'il sera possible la « vraie situation des choses, les mesures prises par « l'administration générale dans le département de l'Isère « et la direction qui doit être suivie par tous les fonc-« tionnaires de l'ordre administratif. »

30 Décembre 1813. — Le Préfet, par l'intermé-diaire de son collègue du Mont-Blanc, reçoit copie d'une lettre écrite de Genève, le 29 décembre, par le secrétaire de la légation française en Suisse :

« M. le général Jordis vient d'apprendre par un piquet « de cavalerie qu'il a envoyé cette nuit pour reconnaître « la position de l'ennemi, qu'il est résulté de ce rapport « que l'ennemi est à quatre lieues de Genève ; il peut, « d'après ces renseignements, se présenter aujourd'hui « ou demain matin 30 du courant, devant Genève. M. le « général Jordis opposera à l'ennemi des moyens de dé-« fense avant de capituler, mais cette résistance ne sera « pas de longue durée, parce qu'il n'a sous son comman-« dement que 900 hommes environ, tant cavalerie qu'in-« fanterie. Je lui ai dit que 800 hommes environ des « 79e et 81e régiments se dirigeaient sur Genève. »

Le même jour, 30 décembre, le général de La Roche informa le Préfet de l'arrivée du comte de Saint-Vallier, comme commissaire extraordinaire dans la 7e division militaire :

« J'ai l'honneur de vous prévenir que par une lettre de
« Son Excellence le Ministre de la Guerre, en date du
« 27 courant, je viens d'être informé que par décret de
« l'Empereur du 26, Sa Majesté a nommé M. le comte de
« Saint-Vallier, sénateur, son commissaire extraordi-
« naire dans la 7e division militaire, où il doit se rendre
« sans délai. M. le commissaire extraordinaire est
« chargé de pleins pouvoirs pour mettre les places en
« bon état, sous le rapport de leur armement, de leur
« approvisionnement et de leur garnison, de prescrire
« toutes les mesures nécessaires pour la défense de la
« frontière, d'ordonner la levée des Gardes Nationales,
« et leur placement sur les points qu'il jugera conve-
« nable, d'activer le départ des conscrits pour rejoindre
« leurs corps, etc., etc. L'instruction de Sa Majesté étant
« que M. le commissaire extraordinaire soit reçu avec
« tous les honneurs dus à son rang et que sa mission soit
« annoncée avec éclat, je m'empresse de vous donner cet
« avis pour que, si vous n'êtes déjà informé, vous puis-
« siez donner les ordres que vous jugerez convenables
« en pareille circonstance. »

A la réception de cette lettre, le Préfet de l'Isère, dont
la santé était chancelante, chargea « à cause de son
état maladif » M. Colaud de la Salcette, conseiller de
préfecture, de le remplacer dans ses fonctions.

31 Décembre 1813. — A la date de ce jour, le général de La Roche écrivit au Préfet les deux lettres
suivantes :

« L'annonce de l'entrée des Autrichiens à Genève
« m'ayant déterminé à prendre sur moi de changer la
« marche de la colonne de troupes italiennes qui traverse
« ma division pour se rendre en Italie, afin de me mettre
« à sa tête pour aller au devant de l'ennemi ; et cette
« circonstance paraissant assez majeure, pour que, sans
« différer vous fassiez un appel aux Gardes Nationales

« qui voudraient se réunir aux troupes pour la défense
« de leur pays et de leur propriété, j'ai l'honneur de
« vous donner avis que je vais me rendre à Chambéry,
« où je me propose d'établir mon quartier général. »

« Les chefs de corps de la garnison de Grenoble,
« m'observant qu'ayant une quantité énorme d'effets mi-
« litaires dans leurs magasins, ils avaient traité condi-
« tionnellement avec des bateliers pour le transport de ces
« effets, ainsi que des caisses et pièces de comptabilité
« de leur régiment, dans le cas seulement où ils seraient
« contraints à un déplacement, et que ces mêmes bateliers
« avaient rompu leurs engagements pour traiter avec des
« habitants de la ville, comme il est important, dans
« cette circonstance, que les bateaux et les voitures qui
« vous seront demandés par M. le commissaire ordonna-
« teur soient constamment à sa disposition, je vous invite,
« M. le Préfet, à vouloir bien donner des ordres, pour
« faire remonter les bateaux qui peuvent se trouver le
« long de l'Isère et faire placer des gardes sur chacun
« d'eux, afin d'éviter que les bateliers ne partant avant
« d'y avoir été autorisés.

« Il faudra également, en cas d'évacuation, fournir des
« bateaux et des voitures pour le transport des militaires
« malades, celui du matériel de l'artillerie, en vous
« priant aussi de prescrire les mesures que vous croirez
« nécessaires pour qu'il y ait toujours, outre les ba-
« teaux et les voitures, deux cents chevaux harnachés
« pour pouvoir traîner les pièces de canon qui sont sus-
« ceptibles d'être mises en route, dans le cas où les
« circonstances viendraient nécessiter cette dernière me-
« sure. »

A cette dernière lettre le général ajoute ce post-scrip-
tum :

« Le général Jordis m'annonce qu'il va être attaqué
« dans la place de Genève et qu'on lui a fait des proposi-
« tions de se rendre. »

A la réception de cette dernière lettre, et de deux autres du même jour, par lequelles le commissaire des guerres demandait quarante-cinq voitures pouvant contenir chacune dix hommes pour évacuer les militaires malades de l'hôpital de Grenoble, ainsi que deux cents chevaux et cent bœufs pour l'évacuation de l'artillerie, le Préfet prit immédiatement l'arrêté suivant :

« 1. Il sera requis dans l'arrondissement de Grenoble,
« par les soins du Sous-Préfet, 50 voitures, 200 chevaux
« et 50 paires de bœufs pour transporter les militaires
« malades aux hôpitaux et traîner les pièces d'artillerie
« susceptibles d'être mises en route.

« 2. Il sera requis dans la ville de Grenoble et dans
« les communes de St-Quentin, Veurey et Voreppe, un
« nombre de bateaux et barques suffisant pour transpor-
« ter les magasins de l'arsenal de cette ville et des diffé-
« rents corps qui y sont stationnés.

« 3. Le capitaine Duchon est nommé commissaire
« chargé de la surveillance et mise en ordre de tous les
« moyens de transport réunis à Grenoble.»

2 Janvier 1814. — L'administration départementale prend un arrêté ordonnant la saisie des exemplaires de la *Gazette de France* qui parviendraient à Grenoble et de toutes proclamations provenant des pays occupés par l'ennemi.

Le même jour arrive la nouvelle certaine que Genève était occupée par les Autrichiens depuis le 30 décembre 1813. Tous les habitants, à cette nouvelle, furent dans la consternation, et l'on s'occupa avec la plus fiévreuse activité de la mise en défense de la ville ; des palissades furent posées aux portes, deux pièces de canon furent placées sur la porte Saint-Laurent, et deux autres furent montées au sommet de la Bastille.

3 Janvier 1814. — Diverses lettres parvenues à Gre-

noble, fournirent aux autorités et aux habitants d'intéressants détails sur la marche et la position de l'ennemi ;
de leur nombre, nous reproduirons les suivantes :

*Lettre du général Daumas au Préfet de l'Isère, en
date du 3 janvier.*

« Ce matin, j'ai reçu une lettre de M. le général de
« division, que s'il faut ajouter foi aux différents rapports
« qu'il a, l'ennemi n'a à Genève qu'une très-faible gar-
« nison et quelques partis qui courrent aux environs. On
« croit que le fort l'Ecluse n'est pas encore en son pou-
« voir ; il faut donc que l'ennemi ai fait son mouvement
« ⸱ut entier sur le département de l'Ain, ce qui fait,
« M. le Préfet, que l'on doit doubler de surveillance le
« long du Rhône. Le général Jordis est resté malade à
« Genève ; la Garde Nationale de cette ville monte la
« garde à sa porte.»

*Lettre du Préfet du Mont-Blanc à celui de l'Isère,
en date du 3 janvier.*

« La position de l'ennemi, relativement à mon départe-
« ment, est toujours la même. Il n'a point dépassé
« Frangy, commune placée sur la limite. Carrouge est
« occupé par des forces considérables.

« Tous les rapports s'accordent à dire qu'une colonne
« très-forte marche sur Lyon ; qu'elle se divise en deux
« parties ; que l'une se dirige par Bourg et Mâcon, et
« l'autre par Saint-Rambert. Cela mérite confirma-
« tion. »

*Lettre du Maire de Seyssel au Sous-Préfet, du
2 janvier (1).*

« Trente hussards hongrois sont arrivés à Frangy, à

---

(1) Cette lettre parvint à Grenoble par l'intermédiaire du
maire de Pont-de-Beanvoisin, M. Flandrin, qui la tenait du
directeur des Douanes.

« une heure après minuit, et aujourd'hui 2, à 9 heures
« 1/2, nous avons eu leur visite. Cette marche précipitée
« n'a pas été prévue, et l'on prétend que le mouvement
« rétrograde de l'ennemi du côté de Nion et des Rousses
« a été fait pour couvrir cette manœuvre. Je n'ai été ins-
« truit qu'au moment où ils se sont présentés. D'ailleurs
« mille hommes doivent arriver ce soir ; autant demain.
« Je suis dans le plus grand embarras..... On dit que les
« Suisses ne sont plus neutres et qu'ils sont arrivés à
« Genève et dans les environs ; ils ont 40,000 hommes
« sous les armes.

« Le capitaine que j'ai vu et à qui j'ai parlé fort long-
« temps, a été extrêmement honnête ; sa petite troupe a
« bu l'eau-de-vie sur la place et tout s'est passé sans
« aucun accident..... Tout va à Châtillon ; c'est du moins
« la route qu'à prise le détachement..... »

Quant à l'administration, soit civile, soit militaire,
elle ne restait point dans l'inaction, et prescrivait les mesures les plus urgentes que commandaient les circonstances : le 3, le général de La Roche écrivait de Chambéry, au général Daumas, commandant le département de
l'Isère, à Grenoble, de presser les approvisionnements des
places des Hautes-Alpes. En même temps, le Préfet donnait l'ordre aux maires de Grenoble, de Bernin, de
Montbonnot, de La Terrasse, de Sainte-Marie et de Barraux, de réquisitionner des chars attelés de bœufs, en
quantité suffisante, pour le transport des bois destinés à
palissader le fort Barraux. De son côté, le général Daumas écrivait au Préfet :

« Il est instant que vous donniez des ordres aux maires
« de Voreppe, de Voiron et sur toute la route du Pont-
« de-Beauvoisin, de faire une garde exacte et active pour
« être prévenu des mouvements de l'ennemi et pour en
« avoir des nouvelles à chaque instant. Il paraît que les
« précautions prises par M. le Maire du Pont-de-Beau-
« voisin sont celles que commande la circonstance, et

« même j'ajouterai que vous devriez ordonner de brûler
« tous ces bateaux, ce qui serait beaucoup plus sûr, at-
« tendu que l'ennemi peut les faire repasser de force sur
« la rive où il se trouve ; pour cela il faudrait en donner
« l'ordre. au Sous-Préfet de La Tour-du-Pin.

« *P.-S.* — Il faudrait avoir des hommes à cheval sur
« toute la route, pour être prévenu à temps. Il est ur-
« gent de faire brûler toutes les barques. »

Enfin le 4 janvier, le **Préfet** réquisitionnait toutes les
scies à eau de la commune de Pontcharra, pour faciliter
la confection des palissades du fort Barraux ; et invitait,
par un autre arrêté, le Maire de Grenoble à pourvoir au
logement de quatre-vingts mariniers réunis dans cette
ville.

5 janvier 1814. — Le préfet de l'Isère qui à la réception de la lettre du général Daumas, que nous avons
reproduite précédemment, s'était empressé de donner
l'ordre au sous-préfet de La Tour-du-Pin et au maire du
Pont-de-Beauvoisin, de faire brûler les barques et bateaux qui se trouvaient sur le Rhône, reçoit de ce dernier
fonctionnaire une lettre ainsi conçue :

« J'ai reçu hier à quatre heures du soir votre lettre
« du 3. D'après vos instructions, je suis parti de suite en
« poste pour La Tour-du-Pin, à l'effet de me concerter
« avec M. le sous-préfet pour l'exécution des mesures
« que vous avez ordonnées. Je me suis permis de lui ob-
« server que le brûlement des barques et bateaux sur la
« rive gauche du Rhône depuis Saint-Didier jusqu'à
« Loyette, ligne exacte des limites de son arrondisse-
« ment, demanderait beaucoup de temps et une force
« armée pour chaque point où les bateaux sont amarrés,
« que nous n'avons pas ; d'ailleurs cette mesure exécutée
« à la lettre, ne produirait point l'effet que vous en at-
« tendez, tant que les bacs et barques qui existent depuis
« Saint-Didier jusqu'à La Balme sous Pierre-Châtel et

« même jusqu'à Seyssel, resteraient intacts, vu que toute
« cette ligne sur la rive gauche appartient au Mont-
« Blanc où l'autorité civile ne peut pas donner des ordres
« directs sans inconvénients. Il n'y aurait que M. le Gé-
« néral divisionnaire qui pourrait la faire exécuter en y
« envoyant une force armée suffisante, car il pourrait
« encore éprouver de la résistance de la part des pro-
« priétaires des bacs et bateaux stationnés sur la rive
« opposée, vu qu'elle appartient à une autre division.

« Vous pourrez, Monsieur, vous édifier de cet obstacle
« par les pièces qui vous seront envoyées, aujourd'hui,
« par M. le sous-préfet. Vous y trouverez l'opposition
« formelle de M. de Cordon, ainsi que du fermier du bac
« de La Balme, à la mesure que j'ai prise, depuis deux
« jours, de concert avec M. le Directeur des douanes,
« pour amener, enchaîner et garder sur la rive gauche
« du Rhône les trois bacs et autres bateaux stationnés
« sur ce fleuve depuis La Balme jusqu'à Saint-Didier,
« toujours sur le département du Mont-Blanc et venant
« tous aboutir à la grande route de Saint-Genis au
« Pont-de-Beauvoisin.

« J'avoue que j'ai outrepassé mes pouvoirs en prenant
« cette mesure provisoire de précaution et de sûreté gé-
« nérale..... J'ai été merveilleusement secondé par M. le
« Directeur des douanes et ses préposés dont la conduite
« et le dévouement sont dignes d'éloges.....

« J'ai proposé à M. le sous-préfet de suppléer à la
« mesure du brûlement en ordonnant de suite à tous les
« maires riverains de son arrondissement de faire descen-
« dre jusqu'au port de Loyette tous les bacs et bateaux
« qui sont placés sur les deux rives à partir de Saint-
« Didier ; une fois rassemblés sur ce point extrême, vous
« pourrez en ordonner le brûlement, si les circonstances
« l'exigent ; mais je dois encore vous observer, que cette
« mesure serait illusoire, si elle n'était pas exécutée de-
« puis Saint-Didier jusqu'à La Balme et même jusqu'à

9

« Seyssel. Je crois pareillement devoir vous déclarer que
« ces mesures de rigueur ne peuvent être parfaitement
« exécutées que par un chef militaire ayant la troupe de
« ligne à ses ordres ou la garde nationale d'un arrondis-
« sement étranger..... »

Le même jour, 5 janvier, le sous-préfet de La Tour-
du-Pin écrivait au préfet une lettre qui n'est, à peu de
chose près, que la reproduction de la précédente, et le
général de La Roche, qui s'était vu contraint d'appeler à
lui tous les ouvriers des dépôts des différents corps de sa
division, invitait le même fonctionnaire à faire fournir de
suite aux majors des 5ᵉ et 11ᵉ de ligne et 18ᵉ léger, à
Grenoble, tous les ouvriers qu'ils réclameraient ; la même
prière était adressée pour mettre des ouvriers cordonniers
et tailleurs à la disposition des dépôts du 8ᵉ léger, 23ᵉ et
60ᵉ de ligne, qui de Genève étaient dirigés sur la ville de
Vienne.

Quelques heures plus tard, le préfet recevait communication d'une dépêche, en date du 4 janvier, par laquelle
l'inspecteur des douanes, qui gardait le pont de la Balme
avec une centaine de douaniers, informait son directeur
au Pont-de-Beauvoisin, que l'ennemi qui était à Seyssel,
le 2 au soir, au nombre de 160 fantassins et de 50 hussards, s'était replié, le 3, sur Frangy et, qu'en conséquence, il se mettait lui-même en route avec sa petite
troupe pour Belley. Le préfet reçut en outre, le même
jour, de son collègue du Mont-Blanc, les nouvelles suivantes : « L'ennemi a retiré les reconnaissances qu'il
« avait envoyées sur Annecy. On assure qu'il n'a laissé
« que quelques védettes à Curseille et à Chaumont, sur
« la route de Frangy ; on dit même que Genève n'est
« plus occupé que par 600 hommes et que les communi-
« cations sont libres. M. le sénateur Chaptal est arrivé à
« Lyon. Il paraît que cette ville se prépare à faire résis-
« tance. J'ai l'honneur de vous adresser ci-joint un
« exemplaire de l'arrêté que j'ai pris pour provoquer une
« levée en masse dans mon département. »

6 janvier 1814. — Le général Daumas, en suite d'ordres reçus du ministre de la guerre, prie le préfet de donner des ordres pour que Grenoble soit approvisionné pour trois mois, pour 1,200 hommes et 50 chevaux (1). Dans une autre lettre, il apprend que le général Jordis était arrivé de Genève à Chambéry, que la première de ces villes n'avait plus qu'une garnison de 800 hommes et que l'ennemi paraissait s'être replié sur la Suisse, « *ce qui,* ajoutait-il, *ferait croire qu'il a éprouvé un échec.* »

Ce fut encore, le 6 janvier, que le sénateur, comte de Saint-Vallier, commissaire extraordinaire dans la 7ᵉ division militaire, fit son entrée à Grenoble. Il rédigea immédiatement une proclamation qui fut placardée le lendemain sur les murs de la ville.

« *Le sénateur* Comte de l'Empire, commandant de la
« Légion d'honneur, grand'croix de l'ordre impérial de
« la Réunion, commissaire extraordinaire de Sa Majesté,
  « *Aux habitans et propriétaires de toutes les*
« *classes de la 7ᵉ division militaire.*

« Je viens, braves habitans de la 7ᵉ division militaire,
« mes chers compatriotes, vous apporter des consola-
« tions et des espérances de paix qui ne tarderont pas à
« se réaliser, et dont le succès tient à votre conduite, et
« à l'attitude que vous aurez dans la circonstance cri-
« tique où se trouve une partie de cette division mili-
« taire.

« La paix est le vœu général de la France. L'Empe-
« reur la désire aussi vivement que vous, et fera tous les
« sacrifices compatibles avec la dignité de la nation et
« celle de sa couronne. Vous vous rappelez que dans son
« discours au Corps Législatif, il a dit : « Monarque et

---

(1) Aussitôt le préfet prit un arrêté, nommant M. Savoye-Desgrangettes, conseiller de préfecture, commissaire spécial pour recevoir les denrées requises.

« père, je sens ce que la paix ajoute à la sécurité des
« trônes et à celle des familles. » Vous ne pouvez donc
« pas douter que les vœux du prince ne soient d'accord
« avec les nôtres. Ayons de la confiance, et rendons-nous
« dignes de ce bienfait.

« Les bases préliminaires de paix ont été proposées
« par nos ennemis ; ils ont donc jugé qu'elles ne leur
« étaient pas défavorables. Peut-être espéraient-ils que
« l'Empereur les refuserait ; mais la France, au contraire,
« les a acceptées sans discussion, sans modification.
« Réunissez donc tous vos efforts, mes chers compa-
« triotes ; la patrie, l'honneur vous appellent ; vous ne
« souffrirez point que votre territoire devienne la proie
« de l'étranger. Ralliez-vous à la voix de vos fonction-
« naires civils et militaires qui jouissent à juste titre de
« la confiance du Gouvernement, de la vôtre et de la
« mienne ; empressez-vous d'offrir tous les sacrifices
« qu'exige la défense de la frontière.

« A Grenoble, le 6 janvier 1814.

« Le comte DE SAINT-VALLIER,

« L'auditeur au Conseil d'Etat, de Beyle. »

8 janvier 1814. — Un arrêté du préfet autorise le
conservateur des eaux et forêts à faire marteler, chez les
propriétaires les plus voisins des places fortes de Grenoble et de Barraux, 2,160 mètres cubes de bois dur nécessaires pour établir des barrières et des blindages, ainsi
que 8 pièces chêne des plus fortes dimensions pour flè-
ches de pont-levis. Le même arrêté réquisitionnait le
nombre de bras et de bestiaux nécessaires à l'abbattage
et au transport de ces bois. Le lendemain un nouvel arrêté nommait M. de Linage, maire de Voreppe, M. Im-
bert des Granges, et M. Bravet, maire de Barraux, commissaires spéciaux pour désigner dans les propriétés
particulières, les arbres à abattre.

10 janvier 1814. — Ensuite des instructions du comte de Saint-Vallier, le baron Fourier, préfet de l'Isère, fait publier l'arrêté suivant :

« Art. 1er. — Tous les anciens Militaires, jouissant de pensions de retraites ou munis de congés, sont spécialement appelés à concourir, par leurs efforts et leur expérience, à la défense du territoire départemental, ils sont invités et requis, si besoin est, de se rendre, sans aucun délai, à Grenoble en l'hôtel de la Préfecture, ils recevront les ordre de M. le général de division, comte Marchand, commandant en chef la levée en mass .

« MM. les Officiers de tout grade, jusqu'à celui de colonel inclusivement, sont compris dans cet appel, ils seront présentés par nous à M. le Sénateur, commissaire extraordinaire de Sa Majesté.

« Art. 2. — Toutes les personnes comprises dans le présent appel recevront une indemnité de route, elle leur sera acquittée d'avance au moment de leur départ, par les soins du Maire de leur commune.

« Art. 3. — Les Militaires pensionnés ou réformés à qui leurs infirmités ou leur âge ne permettraient point un service actif, seront autorisés à retourner dans le lieu de leur résidence et concourront, selon leur grade, à l'organisation et à l'instruction des Gardes nationales sédentaires ; les Militaires les plus valides concourront à la formation des corps de partisans ou des compagnies franches employées en première ligne pour la défense du territoire dans le Département.

« Art. 4. — Les anciens Militaires qui occuperaient actuellement des places civiles quelconques, et qui seraient momentanément employés dans les différens corps de la levée en masse conserveront lesdites places, et en reprendront l'exercice aussitôt qu'ils auront rempli le noble but qui leur est proposé, celui de concourir à repousser l'ennemi de nos frontières.

« Art. 5. — Le présent Arrêté sera exécuté sous la

surveillance de M. le Sous-Préfet de l'arrondissement,
par MM. les Maires des communes. Ces fonctionnaires
adresseront, sans délai, à tous les Militaires en retraite
ou en congé, résidant dans leur commune, l'invitation de
se rendre à Grenoble. »

La mesure précédente ne put recevoir entièrement son
exécution, et le 17 janvier une nouvelle circulaire du
préfet prescrivit, au contraire, aux anciens militaires de
rester dans leurs communes pour y diriger les gardes nationales, *vu l'urgence des circonstances.* C'est qu'en
effet l'invasion de l'ennemi était alors un fait accompli.

12 janvier 1814. — Le général Daumas annonce
au préfet que les palissades vont manquer au fort Barraux et que, comme les travaux sont très-urgents dans
les circonstances actuelles, il le prie de presser autant
qu'il sera en son pouvoir l'envoi des bois nécessaires à
ce fort et le plus qu'il pourra ; il le prie en même temps
de faire arriver à Grenoble toutes les barques du départ-
tement et les bateliers afin d'avoir sous la main les
moyens d'évacuer l'arsenal, le cas échéant. — Le même
général, par un autre lettre du même jour, informe le préfet que le ministre de la guerre, par une lettre du 26 décembre précédent, ordonne de réquisitionner dans l'étendue des divisions militaires autant de chevaux qu'il y a
dans les dépôts de cavalerie d'hommes non montés, et
qu'en conséquence, comme il est urgent de prendre des
mesures pour garantir les frontières, il invite le préfet à
prendre pour le service de l'armée tous les chevaux des
particuliers, propres au service militaire.

De son côté, le maire du Pont-de-Beauvoisin écrit au
préfet qu'il est nécessaire de faire donner des ordres dans
le département du Mont-Blanc pour que tous les bateaux
qui se trouvent sur les deux rives du Rhône, depuis Seyssel jusqu'à Saint-Didier, soient descendus au port de
Loyette, et ajoute que l'ennemi s'était présenté dans les
environs de Bourg.

Le sous-préfet de La Tour-du-Pin, dans une lettre daté du même jour, demande des secours : « La route de Seyssel à La Balme est très-étroite ; un petit détachement pourrait y arrêter un régiment, surtout s'il avait une ou deux pièces d'artillerie ; ce détachement placé vis-à-vis le bac à traille de La Balme préserverait notre pays du danger d'une invasion soit par Belley, soit par Genève. »

Comme dans toutes les circonstances identiques, l'esprit égaré des populations crut voir des espions de toute part ; le passage suivant d'une lettre de M. Guillermoz, maire de Voiron, au préfet de l'Isère, en est la preuve :

« Le bruit se répandit hier dans cette commune qu'un individu vêtu en paysan avait été aperçu sur les hauteurs de Miribel, posté derrière un buisson, tenant à la main un papier, une règle et un crayon et qu'il avait déclaré aux personnes qui l'avaient rencontré, aux uns qu'il était forgeron, aux autres qu'il était domestique, et l'on tirait la conséquence que cet individu était un espion qui traçait le plan des environs des Echelles et des gorges de Crossey. Ce bruit me parut digne de la plus sérieuse attention et je résolus de me rendre de suite à Miribel avec le brigadier de gendarmerie pour prendre des renseignements positifs sur cette affaire. Cependant pour faciliter mes recherches je jugeai convenable d'aller autant que possible à la source de ces bruits et je me suis convaincu qu'ils étaient absolument controuvés. »

13 janvier 1814. — Le maire du Pont-de-Beauvoisin, M. Flandrin, fait parvenir au préfet les renseignements qu'il avait sur la marche des ennemis :

« Je m'empresse de vous transmettre les renseignements que je viens de recueillir de la bouche d'un garçon, homme de confiance envoyé de Versoix par trois femmes des officiers des douanes à leurs maris au Pont-de-Beauvoisin.

« J'ai interrogé cet individu ; voici ce que j'en ai appris : parti le 9 de Versoix, il est venu à Genève, de Genève à Carouge d'où il n'est sorti que le 10 à 4 heures après-midi S'étant dirigé sur Frangy, il a été arrêté sur le pont de cette commune par un poste ennemi et obligé de rétrograder ; il a alors passé la rivière d'Uches, un quart de lieue au-dessous de Frangy et traversé une montagne qui vient aboutir à Seyssel où il est arrivé le 11 à 5 heures du soir, au moment même où y arrivait un détachemeut ennen i composé de 13 hussards et 40 fantassins, qui après s'être rafraîchis sont partis pour Châtillon-de-Michaille ; des particuliers de Seyssel lui ont dit que ce détachement allait se venger dans cette commune de quelques coups de fusil qu'on lui avait tiré la semaine précédente.

« Cet individu est venu coucher la même nuit à Cule, a passé hier par Belley, couché à La Balme et n'est arrivé ici qu'aujourd'hui à une heure de l'après-midi. Il m'a assuré que l'ennemi n'avait qu'environ 1,500 hommes à Genève, 400 à Carouge, 400 à Frangy, 200 au Pont-de-la-Caille, sur la route de Genève à Annecy et environ 3 ou 400 sur d'autres points, parmi tout cela un seul régiment de hussards ; mais que tous les jours des détachements se répandaient dans la campagne pour ramasser des provisions de toute nature que l'on faisait entrer dans Genève ; que le dimanche 9 il avait vu 200 militaires qui travaillaient vigoureusement à fortifier la ville du côté du Mont-Blanc et que le lundi 10, 400 paysans étaient employés aux mêmes travaux, outre les militaires.

« J'ai appris, il y a deux jours, par une autre voie sûre que l'ennemi avait 500 hommes à Sion et 200 sur la route du Saint-Bernard et que l'on se servait du ministère des prêtres pour encourager les habitants du Valais à faire cause commune avec eux.

« Plusieurs lettres de Lyon ont annoncé, ce matin,

que l'ennemi était entré à Bourg ; si cette nouvelle est vraie, vous sentez, Monsieur, qu'il est de la dernière urgence de prendre des mesures de sûreté et de défense sur toute la ligne du Rhône depuis Seyssel jusqu'à Lyon pour garantir le département du Mont-Blanc ainsi que celui de l'Isère.

« Le détachement des préposés des douanes qui était à Cule s'est replié sur La Balme ; on a envoyé 25 hommes à Chanas au débouché du lac du Bourget, 50 à Yenne et le surplus garde le défilé de La Balme.

« Ces nouvelles dispositions sont absolument illusoires si l'on ne prend pas d'autres mesures.

« Il est de mon devoir, Monsieur, de vous informer que l'esprit public chancelle et faiblit à mesure que le danger augmente ; il ne faudrait que la présence de la troupe de ligne pour le ranimer. L'on crie hautement contre la lenteur que l'on a mise à défendre Genève, et surtout de ce que l'on a laissé partir la division italienne.

« Je rassure et encourage les habitants autant qu'il dépend de moi, mais je ne puis malheureusement rien faire de plus. »

14 janvier 1814. — Le général Daumas écrit au préfet pour l'informer que le Ministre de la guerre, par une dépêche du 9 janvier, exigeait, vu les circonstances, que les approvisionnements de siége des places de Grenoble et de Barraux fussent portés au complet. Il terminait sa lettre en ajoutant : « S. Excellence invite le général de division à se concerter avec vous dans le cas où vous rencontreriez des difficultés à l'exécution de cette mesure et à employer sans balancer la force armée si le cas l'exigeait et si ces approvisionnements éprouvaient quelques retards. »

Le même jour un arrêté du préfet fixa à 4,460 hommes le contingent que le département de l'Isère devait fournir tant pour satisfaire tant au décret du 17 décembre 1813

qui créait à Grenoble une cohorte de première classe de
500 hommes et à Vienne et Voiron une cohorte de
deuxième classe, chacune de 300 hommes, qu'à celui du
5 janvier 1814 qui ordonnait la levée de 18 brigades de
gardes nationales mises en activité pour la défense des
divisions militaires de Grenoble et de Lyon. Sur ces
4,460 hommes l'arrondissement de Grenoble devait contribuer pour 1,695 hommes, celui de Vienne pour 1,070,
celui de La Tour-du-Pin pour 981 et celui de Saint-
Marcellin pour 714.

Les deux lettres suivantes adressées à M. Aymé, directeur des droits réunis à Grenoble, par les contrôleurs
principaux de Vienne et de Bourgoin, démontrent toute
la perturbation qu'éprouvaient déjà les divers services
publics dans toute l'étendue du département, et c'est à
ce titre que croyons devoir en donner la reproduction :

« Vienne, le 14 janvier 1814.

« Hier soir à trois heures et demie, j'ai reçu de M. le
Maire de la ville de Vienne, l'ordre de pourvoir sans
délai et sous ma responsabilité personnelle à la mise en
sûreté et à l'immédiate évacuation des deniers de l'Etat,
pièces de comptabilité et papiers importants. Cet ordre
lui est parvenu, dit-il, par la voie de M. le Sous-Préfet.

« Je l'ai communiqué de suite à Messieurs les Contrôleurs ambulants de ville et d'Octroi, Receveurs à cheval
et Receveur principal pour l'exécuter ou faire exécuter
chacun selon ses attributions.

« J'ai donné l'ordre de retirer les fonds des buralistes
pour les verser cumulativement avec les recettes particulières à M. le Receveur principal, et ce dernier à M. le
Receveur particulier des Contributions.

« Ce matin, à cinq heures, M. le Contrôleur de ville
et M. le Receveur principal étaient partis. MM. les employés paraissent s'occuper de leur sûreté personnelle;
je reste seul avec MM. les Contrôleurs de l'Octroi. Le

service est totalement désorganisé; hier les cabaretiers et autres a sujettis ont menacé les Employés qui ont été obligés de se retirer pour éviter les voies de fait. La ville est toute en mouvement, les négociants emballent leurs marchandises, les moyens de transport sont à des prix excessifs. Il est impossible de se procurer des hommes de peine pour emballer les registres et pièces de comptabilité. Ils préfèrent travailler pour les négociants. J'ai eu le bonheur de me procurer une barque pour l'évacuation des tabacs de l'Entrepôt particulier; M. le Procureur fondé de l'Entreposeur et moi y avons travaillé toute la nuit; je les ai dirigés avec un acquit-à-caution et lettre de voiture, sur l'Entrepôt principal de Valence; M. le Procureur fondé les accompagne.

« Je suis obligé moi-même d'emballer mes états et pièces de comptabilité, j'en mettrai en sûreté le plus que je pourrai. J'aurais désiré que l'on m'eût désigné le lieu sur lequel je dois me replier, mais l'ordre que j'ai reçu ne l'indique pas; M. le Receveur principal étant parti je n'ai aucun fonds à ma disposition.

« A mesure que les Receveurs particuliers arriveront je leur donnerai l'ordre de verser entre les mains de M. le Receveur particulier des Contributions et de s'en faire délivrer des récépissés.

« J'étais loin de m'attendre à de pareils événements depuis votre lettre du 7, n° 4. J'avais, au contraire, invité tous les Receveurs et Employés de tout grade a reprendre leur service avec sécurité et fermeté.

« Je ne sais si je pourrai tenir longtemps à mon poste. La populace devient insolente, et je ne puis sortir sans entendre des propos désagréables. Le service étant complétement bas, je ne puis plus m'occuper que de la régularisation des versements des Receveurs particuliers à cheval, si toutefois ils viennent apporter leur comptabilité et leurs fonds.

« Si la présente vous parvient et que vous puissiez me

communiquer vos ordres, je m'empresserai de les exécuter par tous mes moyens. »

« Bourgoin, le 15 janvier 1814.

« J'ai l'honneur de vous prévenir qu'hier soir, sans
attendre votre lettre ci-contre émargée, ayant appris par
plusieurs Employés qui se repliaient, que la direction du
Rhône avait évacué Lyon pour se replayer sur Mont-
Brison, et que la ville de Lyon était au moment d'ouvrir
ses portes à l'ennemi attendu qu'elle n'avait aucun moyen
de défense. J'avais arrêté deux voitures pour faire char-
ger les tabacs qui étaient à l'Entrepôt et les faire évacuer
sur l'Entrepôt principal. Une lettre écrite de Lagneu
(Ain), à quatre lieues d'ici, annonçant qu'une colonne de
6,000 hommes, qui avaient couché le 13 à Meyismieu, à
u.. ..ne de Lagneu, devait, le lendemain, se présenter
d.. ...u. Lyon, m'avait aussi déterminé à prendre ce parti;
lo.. que hier soir à dix heures, un habitant de ce pays-ci
arrivé de Lyon par la diligence vint nous apprendre qu'on
attendait, aujourd'hui, à Lyon, quatre mille hommes de
la garde impériale conduits par Augereau qui s'était annoncé de Roanne par un estafette. Il nous dit aussi que
des forces beaucoup plus nombreuses suivraient immédiatement ce renfort ; alors je crus devoir contremander les
voitures que j'avais commandé quelques heures auparavant.

« Par votre lettre, vous me dites que si le danger était
imminent, je dois prendre les ordres de M. le Sous-préfet. J'aurai l'honneur de vous observer, Monsieur le Directeur, que ma position doit me mettre dans le cas de ne
pas me conduire d'après la règle générale, puisque, d'une
part, ma résidence n'est pas la même que celle de M. le
Sous-Préfet, et que de l'autre, je suis placé, par rapport
à l'ennemi, de manière à être plus près du danger que
lui. S'il fallait attendre ses ordres, comment ensuite au-
rai-je le temps de les soumettre à mes subordonnés, et à

soustraire toutes les pièces de comptabilité et tous les registres de perception ?

« Il est donc urgent, Monsieur le Directeur, que vous me donniez des instructions particulières, et que vous m'autorisiez, en cas d'urgence, à me reployer auprès de vous, avec tout ce qui peut être utile aux intérêts de la Régie.

« Quant au service, la stagnation est complète et je ne connais aucun moyen de persuasion qui puisse déterminer le redevable à venir acquitter les droits constatés. Depuis le 6 janvier, il n'y a eu dans la Recette de Bourgoin qu'un seul enregistrement pour le droit de détail, et il y a près de 4,000 fr. à recouvrer sur le trimestre passé. Si les employés demandent, ils sont insultés, s'ils veulent prendre le ton doucereux de la persuasion on se moque d'eux. On ne peut, sous ce rapport rien espérer, jusqu'à ce que la face des choses ait changé. Je crois vous avoir dit aussi, qu'il est presqu'impossible de pouvoir constater par la voie des Exercices, attendu que les redevables ont presque tous caché des boissons pour les soustraire à l'ennemi ; et que, sous ce prétexte, il n'y a plus moyen de trouver des ventes chez eux. »

15 janvier 1814. — Le maire Renauldon fait placarder sur les murs de la ville l'affiche suivante :

« Le maire de Grenoble, chevalier de la Légion d'honneur, baron de l'Empire, aux habitans de la ville de Grenoble :

« Divers bruits se répandent parmi vous ; la malveillance cherche à vous alarmer ; votre magistrat immédiat doit vous rassurer en vous donnant connaissance de tous les événements qui peuvent intéresser la Cité et le Département.

« Des moyens sont organisés sur les frontières du Département, pour être instruit promptement de tout ce qui s'y passe. On a journellement le détail des événements qui ont lieu sur le front de l'armée, qui est placée en avant de Chambéry, et à laquelle se sont joints les Employés des Douanes. Quant à la rive gauche du Rhône, on a établi dans les Communes limitrophes des estafettes qui font leur service avec beaucoup de zèle. M. le Préfet a reçu cette nuit, à deux heures, de M. le maire de la commune du Pont-de-Beauvoisin, une lettre partie à cinq heures du soir, rapportée ci-après, n° 1er.

« Une autre lettre datée de Lyon, le 14, adressée à M. le Sénateur comte de Saint-Vallier, imprimée à la suite de la présente, n° 2, vous fera connaître la situation de cette ville. J'ajouterai que M. Gruau, capitaine, parti de Lyon à cinq heures après midi, a annoncé à M. le comte Marchand, qu'il a vu arriver la tête des colonnes du maréchal Augereau, dont on porte les forces à 20,000 hommes ; que le peuple se portait en foule pour voir entrer ses libérateurs. M. le maréchal Augereau était attendu le soir. Voyez la note ci-après, n° 3.

« Les habitants de Châlons ont pensé qu'il était prudent de couper le pont sur la Saône, mais l'ennemi n'a pas paru ; on tient ces faits d'un témoin oculaire.

« Habitans de Grenoble, ne vous laissez pas entraîner par des bruits vagues et mal fondés, je vous ferai connaître tous les deux jours les nouvelles officielles qui me seront communiquées. »

N° I.

« Le Receveur des douanes du village du *Simplon*, qui avait battu en retraite sur Verceil avec 35 gendarmes, tant à pied qu'à cheval, placés sur cette ligne ou dans les environs, est parti le 8 janvier, au matin de Verceil, et vient d'arriver ici à l'instant ; il m'a assuré qu'ayant dîné le 7 janvier avec le Commissaire des guerres de Verceil et le Capitaine de la gendarmerie, il tenait pour certain, de la bouche de ces Messieurs, qu'un corps de troupes d'environ 6,000 hommes, rassemblés du côté de Milan, était en route pour le grand Saint-Bernard et devait descendre dans le Valais ; que 3 ou 40° gendarmes étaient déjà réunis dans les environs de Verel pour la même destination.

« J'ai cru, Monsieur, devoir vous donner de suite un avis aussi satisfaisant.

« P.-S. Nous n'avons plus de douaniers armés dans ma commune, ils viennent de partir au nombre de 83 pour Rumilly, où il y a eu une petite affaire d'avant-poste. »

N° II.

« Nous avons été hier toute la journée sur le qui-vive, nous sommes restés jusqu'à 11 heures du soir dans une pénible attente. Le général Musnier qui était parti le matin pour Montluel avec ce que nous avons de troupes, et trois ou quatre pièces de canon, revint hier, sur les quatre heures du soir, en toute hâte avec son monde, persuadé par un avis, qui s'est trouvé faux, que l'ennemi était à Mâcon et pourrait couper sa retraite. Hier, à 11 heures du soir, on a su positivement qu'il n'avait paru que 12 hommes à cheval à Mâcon, qui, après avoir commandé des logements pour six mille hommes, se sont retirés. On a réexpédié le courrier de Paris qui avait rétrogradé le matin, d'après un avis du Sous-préfet de Villefranche ; et on lui a donné l'ordre d'aller jusqu'à ce qu'il eût la certitude de l'occupation de la route. Il n'est point encore de retour, ce qui donne de l'espoir.

« Le général Musnier et sa troupe ont repris de nouveau, dit-on, la route de Montluel. »

N° III.

« Il y a plus de peur que de danger réel, d'une invasion à Lyon.

« Une lettre du Maire de Mâcon annonce qu'il n'y a paru que 12 hommes de cavalerie, qui ont demandé des logements pour 15,000 hommes, qui n'ont pas paru.

« On annonce que les forces qui ont occupé Bourg ne s'élevaient pas à plus de 1,500 hommes.

« Le maréchal Augereau a couché à Tarare la nuit dernière, et sera à Lyon ce soir.

« Le général Musnier est en partisan à Miribel et Miximieux, avec 4,000 hommes de toutes armes et 2 canons; il a ordre de reconnaître l'ennemi.

« On a vu aux environs de Trévoux une patrouille de 12 hommes de cavalerie, tout prouve qu'ils ne sont pas en force.

« Le duc de Castiglione a couché cette nuit, dit-on, à Rouane, et est attendu d'un moment à l'autre.

« M. le cardinal Fesch avait ses voitures prêtes pour partir cette nuit, et n'attendait plus que l'arrivée de ses dépêches par l'estafette de Paris, pour monter en voiture, mais après leur réception, il a contremandé son départ. On ignore par quel motif. On espère toujours la paix. »

16 janvier 1814. — Par arrêté de M. le sénateur comte de Saint-Vallier, en date de ce jour, le général de Laroche fut suspendu des fonctions de commandant de la 7ᵉ division militaire et fut remplacé par le général comte Marchand ; cette nomination rétablit pour quelques jours dans notre ville le calme et la sécurité.

17 janvier 1814. — Ensuite de la délibération prise ce même jour par le conseil de guerre réuni chez le comte de Saint-Vallier, ordonnant l'évacuation de l'arsenal de Grenoble, le baron Fiereck, colonel directeur de l'artillerie dans cette ville, demande au préfet cent attelages à quatre chevaux, cinquante charrettes de pays conduites par trois ou quatre chevaux et vingt grands bateaux. Les jours d'arrivée à Grenoble de ces moyens de transport furent ainsi fixés : Les 19, 21, 23 et 25 janvier, cent chevaux chacun de ces jours destinés aux transports sur

Gap de pièces d'artillerie et de caissons; le 27 et le 29
vingt-cinq voitures pour transporter de la poudre également sur Gap; enfin les 19, 20 et 21, les vingt bateaux pour conduire l'artillerie de siége à Valence.

Nous ne savons au juste la quantité de pièces qui furent enlevés de Grenoble; cependant, pour donner une
idée des transports effectués, nous dirons que le 21 janvier 4 bateaux, seulement, emmenèrent à Valence un matériel assez considérable, à savoir : une grosse pièce de
siége et six pièces de 12 étrangères, sept canons de 8
longs, huit de 12 ordinaires, deux de 8, deux de 16, un
de 24, trois mortiers, deux pierriers, huit affûts de siége
de 12, vingt-quatre boîtes à balles de 8 et vingt-quatre
plateaux de noyer. Notons encore que la neige qui tom-
bait journellement et que les glaçons que charriait l'Isère,
ne permirent pas à la plupart des bateaux qui descendi-
rent d'aller plus loin que Voreppe, où ils furent obligés
de séjourner plusieurs jours.

Ce ne furent point là les seules réquisitions de transports qui furent faites à l'administration départementale
ou municipale : le même jour, 17 janvier, le commissaire
ordonnateur demandait encore immédiatement des attelages pour conduire à Chambéry quatre pièces d'artillerie
et deux fourgons de munitions, ainsi que deux voitures
de rouliers pour transporter à Briançon des outils nécessaires aux ouvriers qui construisaient une route.

Quelques jours plus tard, il était encore requis 300 sacs
pour enfermer les farines et le blé du magasin militaire
de Grenoble et le nombre de voitures suffisant pour les
transporter à Valence; trois grands bateaux et douze voitures pour enlever les effets d'habillement et les papiers
des diverses administrations militaires. Enfin le colonel
de l'artillerie demandait douze cents aunes de serge ou
autre étoffe en laine pour confectionner des sachets à
poudre pour munitions de campagne; et le commissaire
ordonnateur quinze cents quintaux métriques de grains

10

pour la nourriture des troupes. Nous ne parlerons point des réquisitions considérables de chanvre et fourrages qui furent faites en même temps, ainsi que celles de médicaments pour les hôpitaux, d'effets de literie et autres objets de toute nature nécessaires aux services des troupes stationnées dans le département.

20 janvier 1814. — On apprend par une lettre du maire de Pont-de-Beauvoisin que des éclaireurs envoyés en reconnaissance n'avaient pu dépasser le village de Saint-Thibaut-de-Couz et que la ville de Chambéry avait été occupée par l'ennemi sur les dix heures du matin.

Aussitôt, le préfet prit un arrêté nommant M. Flandrin, maire du Pont-de-Beauvoisin, et M. Guillermoz, maire de Voiron, commissaires civils pour appeler et diriger les gardes nationales des communes de leurs cantons, et l'autorité militaire fit partir immédiatement de Grenoble 200 hommes d'infanterie, deux pièces d'artillerie et tous les douaniers disponibles sous les ordres du commandant Roberjeot. Cette petite colonne arriva à Voiron le 21 janvier à deux heures du matin, en repartit quelques heures après renforcée de 300 gardes nationaux de Voiron et de quelques douaniers, mais arrivée à Saint-Laurent-du-Pont elle reçut contre-ordre et revint coucher à Voiron.

22 janvier 1814. — Le général baron de Barral qui, la veille, avait été nommé par M. de Saint-Vallier commandant des troupes qui devaient défendre la route des Echelles, écrit à ce commissaire extraordinaire la lettre suivante qui fournit quelques détails intéressants sur les forces de sa petite armée.

« J'ai reçu les trois lettres que votre Excellence a bien voulu m'adresser en date d'hier et je vais avoir l'honneur d'y répondre.

« Par la première elle daigne me conférer le commandement des troupes qui doivent concourir aux moyens d'empêcher l'ennemi d'entrer dans la vallée de St-Laurent-du-Pont qui lui offrirait des débouchés sur Grenoble ou sur Voiron : je la supplie d'agréer mes remerciements de cette marque de confiance ; — j'employerai tous mes moyens pour la justifier.

« La seconde et la troisième me font connaître le projet de détruire le chemin de la Grotte et de rendre impraticable celui qui est en construction par la percée de la montagne ; pour son exécution j'adresse une circulaire à tous les Maires mis sous la dépendance de celui de Voiron pour leur enjoindre de mettre à ma disposition sans perdre un instant la plus grande quantité d'hommes qu'ils pourront, et je leur prescris de me remettre en me les présentant la liste de ceux qui auront été convoqués afin que je puisse distinguer les fidèles et braves sujets de Sa Majesté d'avec ceux qui manqueraient à leurs devoirs envers leur Souverain et leur Patrie.

« Un estafette part pour aller à la recherche du détachement parti le 19 des Echelles pour Bourgoin, il est porteur d'ordres pour le commandant à l'effet de se rendre sans délai aux Echelles, point général de rassemblement.

« M. l'inspecteur des Douanes envoie l'ordre à ses subordonnés qui sont aux Abrets d'arriver en diligence à Voiron d'où ils seront dirigés sur les Echelles où ils doivent arriver demain matin.

« Les deux pièces de canon et les munitions que M. Roberjeot a laissé hier à Voiron vont partir pour les Echelles avec les canonniers que Voiron pourra fournir.

« Une lettre que je reçois à l'instant de ce commandant me prévient qu'il arrivera aujourd'hui à Saint-Laurent-du-Pont à trois heures après midi, je m'y trouverai demain matin et me rendrai de là aux Echelles avec sa troupe.

« Il me reste à parler des hommes à requérir par les

Maires mis sous la dépendance de celui du Pont-de-Beauvoisin.

« Il est à observer qu'un des Sous-Préfets du Mont-Blanc est en ce moment en résidence au Pont-de-Beauvoisin. Le Maire de cette ville lui ayant communiqué ses instructions a dû s'attendre à le voir concourrir à leur exécution; et en effet ce Sous-Préfet lui a d'abord paru plein de zèle, mais une heure après lorsqu'il a fallu requérir, le Sous-Préfet qui s'était sans doute laissé subjuguer par les habitants du Mont-Blanc (lesquels ne paraissent rien moins que disposés à défendre leur territoire) a dit que ses pouvoirs ne lui paraissaient pas s'étendre jusques-là, qu'il craignait de se compromettre et autres défaites de cette nature, en sorte que je ne puis nullement compter sur le zèle, l'affection et les secours des ci-devant Savoyards.

« Voici donc à quoi paroissent se réduire les moyens mis à ma disposition :

1° Deux cents hommes de troupes de ligne commandés par M. Roberjeot, cy...................... 200

2° Deux cents douaniers dont dix à cheval, mais M. leur inspecteur ne croit pas en voir arriver à Voiron plus de cent cinquante, cy............. 150

3° Hommes fournis par le Maire de Voiron, par apperçu.................................. 250

4° Hommes fournis par le Maire du Pont-de-Beauvoisin, par apperçu 150

D'autres troupes pourront peut-être se réunir aux Echelles, mais seulement dans quelques jours, savoir :

5° Les cent hommes de troupe de ligne présumés être à Bourgoin.

6° Les trois cents hommes que M. le baron de Raverat compte m'amener de Crémieu.

Reste donc un effectif présumé de............ 750

« Il serait bien à desirer, Monseigneur, que le projet de Votre Excellence pût s'exécuter dès demain 23, mais la troupe de M. Roberjeot serait seule en état d'agir, et même cela n'est pas bien certain. D'autre part, je veux commander en personne l'expédition, et il faut cependant que je me trouve à Voiron lorsque les douaniers et les hommes à fournir par les communes y arriveront pour les animer. C'est pourquoi je crois devoir remettre l'expédition à après demain 24, pour le succès de laquelle je ne puis entrevoir rien de mieux que de rompre le chemin au-dessous de la Grotte et celui à l'entrée de la percée.

« Supposons actuellement que les troupes qui ont paru devant Montmeillan n'auront fait qu'une fausse démonstration et qu'elles se trouveront en grande force en avant de la Grotte, en sorte que je ne pourrais pas protéger les mineurs. Dans ce cas je proposerais, Monseigneur, de couper de suite la route des Echelles à Lyon au pas de *Chaille ;* de couper celle des Echelles à Voreppe et Grenoble en dessous du Col de Placette près de Pommiers ; de couper les chemins de Raz, du grand et du petit Crossey, de l'Echaillon et de Pierre-Chave. Par ce moyen en garnissant les hauteurs de quelques postes on pourrait empêcher l'ennemi de s'avancer sur Lyon, Grenoble ou Voiron.

« Si je ne puis réussir au pas de la Grotte, je disposerai tout pour l'exécution de ce second projet que cependant je ne me permettrai pas d'effectuer avant d'en avoir reçu l'autorisation que j'attendrai aux Echelles où j'arriverai demain, 23, sur les dix heures du matin. »

23 janvier 1814. — Le général de Barral fait occuper le passage de la Grotte des Echelles à dix heures du matin. Le soir du même jour les troupes françaises étaient attaquées. Voici, à ce sujet, l'un des rapports adressés par le commandant Robergeot au général Daumas, commandant le département :

« De la Grotte, le 24 janvier,
à 8 heures du soir.

« Mon général,

« Il n'y a plus de doute qu'il n'y ait de l'infanterie
autrichienne sur le chemin de Chambéry. Trois prisonniers que nous avons fait aujourd'hui en sont la preuve.
Aujourd'hui à 10 heures du matin le poste que j'avais
laissé hier à la Roche percée, lors de ma retraite de
St-Jean, a été attaqué par une compagnie hongroise forte
de 150 hommes. Le poste a fait la plus belle résistance ;
il a fait trois prisonniers et a blessé quatre hommes qui
ont été emportés. J'ai été plus heureux aujourd'hui que
la nuit dernière, aucun homme n'a été blessé. Cette ap-
parution de l'ennemi a un peu retardé nos travaux. Le
pont de St-Martin est coupé. Le chemin de la Roche
percée est rendu impraticable. Demain tout sera prêt
pour faire sauter en cas de besoin le chemin de la Grotte
et empêcher à l'ennemi d'y descendre, si l'envie lui en
prenait.

« Je m'attends cette nuit à être attaqué, j'ai pris mes
mesures en conséquence. J'espère que peu à peu mes soldats s'aguérriront. Il parait démontré que dans l'attaque
de la nuit dernière, l'ennemi fut guidé par un habitant de
St-Jean.

« Aujourd'hui j'ai fait arrêter deux habitants qui venaient de Chambéry ; je les ai fait conduire à M. le général de Barral. »

28 janvier 1814. — Une lettre du maire du Pont-
de-Beauvoisin fournit quelques renseignements sur les
événements qui se passaient sur le Rhône :

« D'après l'avis que j'eus, avant hier matin, que des
éclaireurs ennemis s'étaient présentés au village d'Aiguebellette à deux lieux du Pont-de-Beauvoisin et au bourg
d'Yenne, j'écrivis de suite à M. le général de Barral pour

qu'il m'envoya 200 hommes de ligne à l'effet de mettre
le Pont-de-Beauvoisin à l'abris d'un coup de main.

« M. le Général m'envoya 80 hommes qui arrivèrent à
neuf heures du soir, en me disant qu'il ne pouvait pas
disposer d'une force plus considérable, m'invitant de
mettre sous les ordres de l'officier expérimenté qui commandait ce détachement tous les gardes nationaux que je
pouvais avoir au Pont. Cette dernière force arrive à
150 hommes, depuis hier, mais elle n'est point suffisante
sur un point aussi important où viennent aboutir par une
infinité de coupures les trois défilés d'Aiguebellette, Novalaise et le Mont-du-Chat. Je vous prie donc, Monsieur,
de solliciter, auprès de M. le comte de St-Vallier, de
prompts secours pour arrêter la marche de l'ennemi sur
cette partie du département ....
Des hommes de confiance m'ont également rapporté que
30 hommes s'étaient présentés avant hier matin dans le
village d'Aiguebellette ; qu'ils étaient entrés dans plusieurs maisons pour y boire et manger ; qu'ils avaient
enfoncé une armoire chez le Maire pour y prendre du
linge et en avaient fait autant dans la chaumière d'une
malheureuse veuve. Ils ont fait fondre chez le Maire et
avalé, entre douze, un pôt de beurre pesant 16 livres, en
y trempant simplement leur pain. Ils se sont ensuite retirés avant la nuit pour reprendre le poste qu'ils occupent
sur le revers de la montagne. Ils ont dit aux habitants
que l'on enverrait le lendemain un détachement plus
considérable pour marcher sur les Echelles.......... »

La lettre suivante du général de Barral, au général
Marchand, datée des Echelles, le 29 janvier, donne un
aperçu exact des dispositions prises pour couvrir le terrain qu'il était chargé de défendre :

« Pour vous faire connaître ma position actuelle je vous
dirai que d'après les ordres de son Exc. le commissaire
extraordinaire de sa Majesté, j'ai rendu le chemin de la
Grotte impraticable pour la cavalerie et l'artillerie et que,

des murs épais en pierres sèches de la hauteur de six pieds et munis d'un parapet ayant été établis dans le percé de trente en trente toises, j'ai facilité de défendre ce second passage avec peu de monde contre des forces infiniment supérieures.

« Cependant comme l'ennemi pourrait détruire les obstacles que je lui ai opposé, s'il n'en était empêché, et comme d'ailleurs les montagnes sont traversées dans cette partie par plusieurs sentiers, j'estime qu'il faut 200 hommes pour couvrir entièrement le passage de la Grotte et de ses environs.

« Par ce moyen, je pourrai me maintenir dans cette partie ainsi que vous me l'observez ; mais ces mesures ne suffisent pas à beaucoup près pour empêcher l'ennemi de faire des incursions du bassin du Bourget et de Chambéry (dont il est maître et où il a de grandes forces) dans celui du Guiers, que j'occupe avec 430 hommes de bonnes troupes de ligne et 290 douaniers ou gardes nationaux, sur lesquels il n'est guères permis de compter ; et vous observerez, mon Général, que si l'ennemi venait à occuper le bassin du Guiers, il s'étendrait facilement dans les arrondissements de Grenoble et de la Tour du Pin.

« L'obstacle principal que la nature lui oppose consiste dans la montagne de l'Epine qui s'étend depuis le chemin de la Grotte jusqu'au Rhône. Cette montagne est traversée par trois principaux cols : ceux d'Aiguebellette, de Novalaise et du Mont-du-Chat, tous praticables pour les chevaux ; et de ces trois cols partent des chemins qui traversent le bassin du Guiers par de nombreuses ramifications : je ne parle pas de plusieurs sentiers difficiles même pour les piétons.

« Ma ligne de défense s'étend depuis le village de la Grotte, jusqu'à St-Genis où le Guiers se jette dans le Rhône, et il y a 3 à 4 heures de marche depuis les Echelles et le Pont-de-Beauvoisin jusqu'à mes postes avancés, ce qui en exige d'autres intermédiaires ; or, jugez, si dans de telles circonstances, je pourrais avec 720 hommes me maintenir dans le bassin du Guiers, tandis que l'ennemi débouchant sur plusieurs points pourrait me déguiser celui sur lequel il porterait ses principales forces.

« J'ai fait connaître à Monseigneur le Commissaire extraordinaire l'urgence d'employer au moins 1200 hommes pour la défense du bassin du Guiers, et j'espère mon Général, qu'en sentant la nécessité, vous vous concerterez avec lui pour y envoyer des renforts.

« J'occupe actuellement la Grotte, les Echelles, le Pont-de-Beauvoisin et le col d'Aiguebellette avec quelques postes intermédiaires ; et ne pouvant sans me compromettre occuper les cols de Novalaise et du Mont-du-Chat et le bourg d'Yenne, je suis réduit à faire surveiller cette partie sur laquelle il se présente parfois des troupes ennemies qui menacent le bas Guiers et la rive gauche du Rhône.

« Vous voyez, mon Général, qu'il ne s'agit plus ici de me maintenir au-dessus du poste de la Grotte, mais bien de défendre une ligne de six lieues épaisse de quatre à travers des chemins difficiles, par une saison rigoureuse, ce qui excède de beaucoup les forces d'un vieillard, tout au plus bon pour le conseil. Or, comme un homme de guerre doit être sain d'esprit et de corps, j'ai invité Monseigneur le Sénateur à me remplacer. Si cette faveur ne m'est pas accordée, je vous prie, mon Général, d'être fermement persuadé qu'autant qu'il sera en mon pouvoir, j'emploierai avec zèle le peu de moyens qui me restent pour exécuter les ordres qu'il vous plaira de me transmettre.

« P.-S. — Je viens d'apprendre que 13 gardes nationaux ont déserté la nuit dernière du Pont-de-Beauvoisin, et chaque jour il y a des douaniers et des gardes nationaux qui désertent avec leurs armes.

« En considérant l'extrême faiblesse de mon détache-

ment et les pertes qu'il fait chaque jour par les fatigues
du service et la désertion, j'ai pensé qu'il serait de la
plus haute importance que Monseigneur le Maréchal Augereau fît occuper la rive gauche du Rhône depuis Lyon
jusqu'à l'embouchure du Guiers : au moyen de cette disposition, l'ennemi voyant que j'occupe le Pont-de-Beauvoisin, n'oserait pénétrer dans l'arrondissement de la
Tour-du-Pin en passant le Guiers entre l'embouchure de
cette rivière dans le Rhône et le Pont-de-Beauvoisin. »

31 janvier 1814. — Trois petits détachements autrichiens, sous les ordres du comte Brankowich, attaquent
de nouveau le passage de la Grotte, entre les deux et trois
heures de l'après-midi. Les avant-postes français, placés
en avant de la galerie, après avoir échangé quelques
coups de feu, se replièrent d'abord dans les retranche-
ments exécutés pour protéger la route ; mais ils ne tar-
dèrent pas à être contraints à se retirer, soit par la galerie, soit par le passage de la Grotte, derrière une seconde coupure que l'ingénieur des ponts et chaussées
Carre-Vagniat, attaché à l'armée en qualité d'officier du
génie, était encore occupé à faire terminer, en deçà du
passage. Cédant, soit à la terreur que leur inspirait leur
petit nombre, soit à la vue des nombreux ennemis qui
apparaissaient sur les crêtes de la montagne, guidés par
des paysans, les soldats français abandonnèrent la position.

Le général de Barral battit en retraite et fit prendre
position à ses troupes, partie au défilé de Crossey, pour
couvrir Voiron, partie au col de la Placette, pour défendre Voreppe. Au commencement de la retraite, l'ingénieur Carre-Vagniat, arrêté par les Autrichiens, fut
fort maltraité et resta prisonnier pendant quelques heures,
ainsi qu'il le rapporte lui-même dans un mémoire adressé
le 10 février suivant à l'ingénieur en chef du département de l'Isère.

Diverses lettres adressées au préfet de l'Isère, fournissent quelques détails sur la marche et le nombre des ennemis, soit aux Echelles, soit dans les environs du Pont-de-Beauvoisin, et c'est à ce titre que nous en donnerons les extraits suivants :

« Pont-de-Beauvoisin, 31 janvier,
9 heures du soir.

« Ce que je vous ai annoncé depuis huit jours vient de se vérifier ; nous apprenons à l'instant, par un détachement de gardes nationaux envoyé ce matin à la découverte à Aiguebellette, que l'ennemi s'y est porté au nombre de 800 hommes, y compris 50 hommes de cavalerie ; qu'il a attaqué et mis en fuite le poste du château de Lépin, qui n'était composé que de 130 hommes. Nos jeunes gens, au nombre de 12, se sont trouvés coupés deux fois, ont essuyé plusieurs décharges, auxquelles trois ou quatre des plus braves ont riposté en se retranchant, mais à la fin ils ont cédé à la force et se sont échappés. Leur retour vient de produire une terreur panique qui nous sera funeste ; elle va paralyser nos 200 gardes nationaux qui sont sans expérience. Nous n'avons que 80 hommes de ligne à opposer à l'ennemi qui viendra peut-être au Pont cette nuit ou demain matin.

« *Le Maire du Pont,*
« Flandrin. »

« Voiron, le 3 février,
7 heures du soir.

« Des renseignements qui viennent de m'être transmis et que l'on peut regarder comme certains, portent que l'ennemi n'était ce matin aux Echelles qu'au nombre de 200 hommes.

« Hier soir on fit dire aux bourgeois des Echelles qu'ils eussent à se tenir fermés chez eux, que s'ils sortaient on ferait feu. Cet ordre avait pour but de masquer la retraite de l'ennemi sur Chambéry.

« Tout annonce que dans la journée d'aujourd'hui l'ennemi se sera porté sur Montmeillan et que nos troupes pourraient être attaquées demain.

« On peut conjecturer de ces marches et contremarches que l'ennemi n'est pas aussi fort qu'on le pense. Son dessein est d'attaquer et de s'emparer de Grenoble ; il l'annonce assez clairement.

« On n'a pas pu savoir positivement aux Echelles la route qu'avait prise l'ennemi ; cependant on regardait comme constant qu'il s'était dirigé sur Chambéry. Les Autrichiens disaient qu'ils avaient 1,000 hommes qui avaient passé par la Novalaise pour se rendre au Pont-de-Beauvoisin.

« Le Maire de Voiron,

« Guilhermoz. »

« Au quartier général de Voreppe, le 6 février.

« Je viens d'être prévenu qu'une patrouille de huit hommes de cavalerie était hier aux Abrets, qu'elle a fait éprouver au maire de cette commune des vexations inouïes, qu'elle lui a tenu les sabres nus sur la tête pendant demi-heure afin d'obtenir des renseignements sur l'organisation des gardes nationales, savoir si la commune de Voiron se défendrait et si celles de Montferrat et de Chirens montaient la garde.......

« Le Général, baron de Barral. »

Pendant que l'ennemi s'avançait du côté des Echelles et du Pont-de-Beauvoisin, le comte de Saint-Vallier, à Grenoble, ne restait point dans l'inaction. Une de ses premières préoccupations fut de chercher à renforcer sa petite armée, chargée de défendre les frontières de l'Isère ; à cet effet, dès les derniers jours du mois de janvier, il avait expédié à Turin M. Alexandre de Martigny, pour solliciter l'envoi de quelques troupes en Maurienne. Arrivé à Turin le 2 février au soir, M. de Martigny, accompagné du général de Blaguas, eut dès le lendemain matin une entrevue avec le prince Eugène de Beauharnais, vice-roi d'Italie. Ce dernier, prétextant de l'attitude alors plus qu'équivoque de l'armée napolitaine, de la défection du roi de Naples et du peu de troupes qu'il y avait dans le Piémont, voulut bien néanmoins expédier sur-le-champ, pour renforcer les troupes du général Desaix, campées à la Chavanne, en face de Montmeillan, un petit corps d'infanterie fort de 600 hommes et quelques petits détachements de cavalerie et de sapeurs.

D'autre part, le 1er février, le comte de Saint-Vallier informait le maire de Grenoble des dispositions prises pour défendre cette ville :

« Monsieur le Maire, il est convenu qu'on ne défendra pas Grenoble, dans Grenoble.

« Il est sage de prendre des précautions et de faire à la position du Pont de Piquepierre, près la Buisserate, un retranchement. Cet ouvrage sera tracé demain de bonne heure par M. le colonel d'Hautpoul, qui prendra à ce sujet les ordres de M. le comte Marchand. Je vous prie, Monsieur le Maire, de vous concerter demain matin, avec M. le colonel d'Hautpoul, et de prendre les mesures nécessaires pour lui fournir le nombre d'ouvriers terrassiers qu'il jugera nécessaire. Ces ouvriers seront payés comptant par ses soins. Ils devront être au travail vers les dix heures du matin.

« S. E. le Ministre de la Guerre ayant ordonné que l'on fît des travaux à Grenoble, il paraît que la position du Pont de Piquepierre est la plus propre à être mise en état de défense. Cette mesure n'est que de précaution. L'ennemi ne s'est pas avancé en deçà des Echelles, et tout porte à croire qu'il a voulu seulement se donner le cours du Guiers pour limite. »

Enfin, dès le 5 février, un détachement de 200 hommes occupait les défilés du côté de Saint-Pierre-de-Chartreuse, et, à Grenoble, le général Marchand poussait avec vigueur l'organisation de compagnies franches.

6 février 1814. — Le comte de Saint-Vallier, accompagné du général Marchand, du sous-préfet et du
maire de Grenoble, passe en revue, sous la halle, la cohorte de la garde nationale, organisée en vertu du décret
du 5 avril 1813. Cette troupe, placée sous les ordres de
M. de Montal, se composait de quatre compagnies com-
mandées par les capitaines Lavaudan, de Chichilianne,
de Chaléon et Hélie ; les autres officiers étaient MM. Rey,
Alphonse Périer, Blanc et de Sinard, lieutenants ; Rivier,
de Pina, Favier et Bernard, sous-lieutenants.

La garde nationale s'organisait également en régiment
pour concourir à la défense de la ville de Grenoble ; dès
le 1er février, un arrêté en avait nommé les chefs de bataillon, qui étaient : MM. de Lespinasse, ancien colonel
d'artillerie ; Gauthier-Descotes, ancien chef d'escadron ;
Vignon, ancien chef de bataillon, et Duchon, ancien capitaine.

7 février 1814. — Une lettre du général Marchand
apprend au préfet et aux habitants de Grenoble que la
veille une affaire avait eu lieu près de Chapareillan :

« Je crois que l'ennemi ne fait que des reconnaissances
à la Tour-du-Pin. Il ne peut pas être en force de ce côté,
d'autant mieux qu'il s'est présenté hier au nombre de
quinze cents hommes devant Chapareillan, et qu'il s'est
emparé de ce village où nous n'avions qu'un avant-poste.
Si nos troupes de Voreppe étaient un peu plus solides, je
leur donnerais l'ordre de marcher sur les Echelles pour
s'en emparer et couper ainsi tout ce qui est au Pont-de-
Beauvoisin ; mais on ne peut guère se fier à elles, et il
ne convient pas de les éloigner trop de Grenoble.

« Je n'ai cependant aucune inquiétude du côté de Barraux, où je ne pense pas que l'ennemi ose rien tenter ; j'y
ai envoyé un officier pour voir ce qui s'y passe. Pour le
moment je ne crois pas que nous puissions nous occuper
de la partie de la Tour-du-Pin. »

Le même jour, 7 février, une lettre de M. Bravet, maire de Barraux, apporta, à Grenoble, des détails sur l'engagement de la veille :

« Dimanche six du courant, dès les dix heures du matin, trois cents hommes d'infanterie ennemie, et quelques cavaliers, se portèrent au hameau de Bellecombe et se rangèrent en bataille autour de l'église et des masures d'un ancien château ; de là ils aperçurent un poste que M. le major Bois, commandant nos avant-postes, avait placé près d'un pont qu'il a fait couper sur le ruisseau de Cernon, pour intercepter la communication de l'ennemi avec la commune de Saint-Marcel, au midi, sur laquelle il menaçait de se porter ; il s'engagea aussitôt entre ce poste et l'ennemi une fusillade très-vive. Ce poste fut sur-le-champ renforcé d'une compagnie et la fusillade redoubla de notre côté.

« Une gorge large, profonde et escarpée servant de lit au ruisseau de Cernon, nous séparait de l'ennemi et n'était néanmoins pas assez large pour neutraliser les balles que l'on y échangeait ; le feu a duré de notre côté jusqu'à ce que nos troupes dans ce poste aient eu consommé toutes leurs munitions. Dès qu'on s'aperçut que le feu ralentissait de notre côté, M. le major jugea que ce ne pouvait être que par le manque de munitions. J'étais sur le terrain avec lui, il me demanda des hommes pour porter de suite des munitions à ce poste. Ils furent requis sur-le-champ et lui portèrent en toute hâte ces nouvelles munitions. Ces hommes furent suivis par nombre d'enfants qui, méprisant le danger, se chargèrent eux-mêmes des paquets de cartouches et furent les déposer dans les gibernes et dans les poches des militaires. Dès que ces troupes, descendues quelques pas après avoir brûlé toutes leurs munitions, en eurent reçu de nouvelles, elles remontèrent aussitôt et le feu recommença.

« Pendant que cette affaire se passait sur les deux rives de cette gorge, plusieurs colonnes ennemies, cavalerie et infanterie, se portaient les unes par le haut, les autres par le bas sur la commune de Chapareillan et vinrent déboucher sur les dernières maisons, au midi de cette commune, pour y cerner 600 hommes environ qui s'y trouvaient logés. Une autre colonne arriva par la grande route, ayant le général Zegmeister à sa tête ; sitôt qu'elle parut sur la frontière de notre département, éloignée d'environ un mille du hameau de Cernon, où étaient nos troupes, elle lâcha une bordée de coups de canon sur ce hameau, mais comme elle n'avait que des pièces de trois, et que la distance était considérable pour du si petit calibre, ils n'ont fait aucun mal, quelques boulets ont frappé aux murs de deux maisons et ont à peine marqué. Nos troupes qui s'aperçurent du mouvement de l'ennemi, se retirèrent en ordre sur la position, au midi de la forêt de Servette et sur les terres de Cotanier au sud-est, d'où elles découvraient et gardaient toute la plaine jusqu'à l'Isère; nous n'avons perdu dans cette retraite que trois hommes prisonniers ou déserteurs. L'ennemi occupa Chapareillan jusqu'à sept heures du soir et a pillé dans diverses maisons des linges, denrées et ustensiles de cuisine, entre autres chez le sieur Bravet du Verger, dont la maison est située sur la frontière. Ils ont pris tout ce qu'ils ont trouvé dans cette dernière maison, jusqu'aux bêtes de somme du fermier ou meunier dudit sieur Bravet. Nous avons gardé nos dernières positions toute la journée, et les troupes y ont bivouaqué toute la nuit, ainsi que le major qui les commandait. Les reconnaissances que M. le major a fait pousser aujourd'hui sur la ligne ennemie ont rapporté qu'il était rentré dans les mêmes positions qu'il occupait lors des dernières opérations desquelles j'ai eu l'honneur de vous entretenir.

« Nous avons eu dans cette journée, sur les divers points, trois hommes tués et de vingt à vingt-deux blessés dont deux officiers.

« Les habitants de Bellecombe et Chapareillan, où ces

diverses affaires ont eu lieu, ont rapporté que l'ennemi avait eu sept hommes tués et de trente-six à quarante blessés.

« M. le major vient de faire occuper Chapareillan par nos troupes.

« Pendant ces diverses actions, le major Bois me demanda soixante hommes pour abattre les arbres qui couvraient les chemins, par lesquels il craignait que l'ennemi pût descendre pour le tourner, afin que le canon de la place pût tirer sans obstacles sur l'ennemi s'il se présentait ; ces hommes ont été requis et l'abatage exécuté sur-le-champ et au bruit de la fusillade. Dès que le bruit eut cessé, j'ai fait publier au bruit de la caisse une invitation aux habitants de ma commune de transporter sur-le-champ des vivres et du vin à toutes les troupes qui étaient sur la ligne, s'étant battues toute la journée sans boire ni manger, et chacun s'est empressé de satisfaire incontinent à cette invitation, de manière que le major a été très-satisfait de leur dévouement. »

Le combat dont on vient de lire la description fut pour le moment le dernier où l'ennemi prit l'offensive.

Il était temps, en effet, que l'on vînt au secours de Lyon et du département de l'Isère : nos troupes étaient épuisées de fatigue. Le 1er février, l'hôpital de Grenoble renfermait 600 blessés ou malades, et comme cet établissement manquait de linge et de charpie, le maire fut obligé de faire un appel à la charité publique.

Napoléon confia à Augereau la défense de l'Est ; ce maréchal arriva dans Lyon le 14 janvier ; il y fut bientôt rejoint par 10,000 hommes de vieilles troupes venant de la Catalogne ; le 12 février, il reçut l'ordre de se porter sur Genève, en chassant l'ennemi du Bugey, de la Franche-Comté et de la Savoie. Toutes les troupes placées sous son commandement, en y comprenant celles de l'Isère, pouvaient s'élever à 24,000 hommes d'anciennes et de nouvelles levées et de toutes armes.

Il les partagea en quatre corps d'armée, les trois premiers commandés par les généraux Musnier, Pannetier et Bardet, et le quatrième, par le général Marchand. Ce dernier corps n'avait pas de cavalerie et ne comprenait que 4,800 conscrits, en grande partie Dauphinois, soldats encore peu exercé, mais pleins d'ardeur. Marchand avait, en outre, sous ses ordres quelques bataillons de gardes nationaux mobilisés tenant garnison dans les places fortes des Hautes-Alpes. Il avait divisé ses troupes en quatre fractions, placées : 1° dans les environs de La Tour-du-Pin, sous les ordres du commandant de Raverat ; 2° dans les environs de Saint-Geoire, sous le commandement du général Chabert ; 3° entre Voiron et Voreppe, sous le commandement du général de Barral ; enfin, 4° devant Montmélian, sous les ordres du général de division Desaix.

Voici une série de documents qui fourniront quelques détails sur les événements qui se passèrent alors dans l'Isère et dans la Savoie.

1° Rapport du baron de Raverat, en date de La Tour-du-Pin, le 13 février :

« Entre dix et onze heures du matin, ma reconnaissance de cavalerie composée de vingt hommes a été vivement attaquée par soixante cavaliers ennemis, qu'ils ont tenus en échec pendant un quart d'heure sur le même terrain en faisant le coup de sabre. L'officier de gendarmerie, brave et intrépide, m'a prouvé dans cette affaire qu'il était digne de toute ma confiance, que je lui avais déjà donnée puisqu'il a su tout en se défendant vigoureusement, me faire prevenir assez tôt de cette attaque; cet expédient m'a mis dans le cas de prendre des mesures pour que la ville où je suis n'eût rien à craindre. J'ai à regretter quatre braves gendarmes que l'on ne présume que blessés, dont deux sont déjà rendus ici : sans cette perte, je serais content de cette attaque, parce qu'elle m'a mis à même de reconnaître la bonne volonté de ma petite troupe, qui au premier coup de générale m'a suivi aux cris de vive l'Empereur et chargeant leurs armes en marchant dans la position que je leur avais assignée.

« Je ne puis vous détailler en ce moment bien d'autres choses que j'aurais à vous dire. Je me borne à vous annoncer que tout le monde a fait son devoir en criant de marcher en avant, ce que je n'ai pas cru devoir entreprendre avant que d'avoir reçu des renforts d'infanterie de ligne et d'un peu de cavalerie, que je vous prie instamment de réclamer près de S. E. le maréchal Augereau : je crois ce renfort d'autant plus utile que l'ennemi, manquant déjà de vivres dans le Mont-Blanc, ne manquera pas, j'en suis sûr, de revenir m'attaquer. »

2° Rapport adressé des Echelles, le 15 février, à une heure de l'après-midi, au général Marchand par le capitaine d'état-major Bellar :

« Mon Général,

« Malgré l'envie d'exécuter vos ordres ponctuellement, nous n'avons pu arriver sur les Echelles qu'à 8 heures. Les eaux, la glace et les nombreux défilés nous ont empêchés d'arriver plus tôt. La colonne Roberjeot nous a fait un peu attendre. 300 hommes du 18° ligne ont passé au gué sous le Villard et se sont portés sur la Grotte. Le reste a attaqué de front : les voltigeurs du 1er de ligne en avant. Le capitaine Gervais, avec 150 hommes du même régiment, était en réserve. M. le Major, avec 300 hommes du 1er de ligne, après avoir passé le pont Jean-Lioud, s'est porté à gauche pour tourner les Echelles et couper la retraite sur Chaille. Nous avons traversé le Guiers en colonnes serrées, au pas de charge et aux cris de joie de toute la troupe qui a montré la plus grande ardeur. Malgré que nous eussions de l'eau jusqu'à la ceinture, il n'y eut pas la moindre hésitation. M. le Major et les officiers supérieurs avaient mis pied à terre et nous nous sommes

proprement mouillés. L'ennemi, voyant toutes ces dispositions, n'a fait qu'une faible résistance et a fui à toutes
jambes. Nous n'avons pu prendre que quelques voitures
de vivres qui montaient déjà la Grotte. Dans ce moment, on se fusille à la Grotte ; nous avons pris position à la coupure et n'avons eu que deux tués du 18ᵉ
et un voltigeur du 1ᵉʳ. 150 hommes grimpent la gorge de
Gerbais et tournent la Grotte. J'espère que ce soir nous
aurons la Grotte ; nous allons communiquer avec le
colonel Brun pour connaître ses opérations. Jusqu'ici
elles n'ont eu aucune influence ; cependant on sait ici qu'il
a fait treize prisonniers à Saint-Pierre-d'Entremont, et
qu'il a attaqué Corbel. Le général Chabert (1) est vis-à-vis
de Chaille ; ses gardes nationaux ont marché avec gaieté.
Nous n'avons pas encore de nouvelles de celles de la
Tour-du-Pin qui ont marché sur le Pont. 150 hommes
du 1ᵉʳ sont à Chaille et occuperont demain le Pont ; les
troupes sont trop fatiguées aujourd'hui. Un fort poste est
sur la route de Lépin, à une lieue d'ici.

« Il y avait ici en magasin 3,000 rations de pain, deux
tonneaux de vin, de l'eau-de-vie ; l'ordre de payer d'a-
vance deux mois de contributions était affiché.

« Au milieu du feu, les habitants ont accouru au-devant de nous pour nous diriger ; ils nous appelaient leurs
libérateurs, apportaient des rafraîchissements aux troupes
et criaient : *Vive l'Empereur !* à tue-tête. Leurs dispositions ne sont pas autrichiennes ; ils servent de guides
à l'envi, portent les blessés et nourrissent soldats et
officiers. »

On eut à regretter dans cette affaire la perte de M. Ju-
dey, capitaine d'infanterie. Un arrêté du préfet, du
15 mars suivant, accorda à sa veuve une pension men-
suelle de 90 francs.

---

(1) Le général Théodore Chabert, né à Villefranche (Rhône),
est décédé à Grenoble le 7 avril 1845.

3° Adresse du Maire du Pont-de-Beauvoisin au général Marchand, en date du 16 février :

« Monsieur le Comte,

« Vous avez pleinement justifié l'attente générale en débarrassant aussi promptement nos contrées de la présence de l'ennemi.

« Je viens, au nom du Conseil municipal et de tous les habitants de la ville du Pont-de-Beauvoisin, vous prier d'agréer l'hommage de leur sincère et vive reconnaissance.

« Après quinze jours d'un joug odieux, si quelque chose peut ajouter au bonheur de notre délivrance, c'est de la devoir à un général compatriote, dont le nom est déjà si justement illustré.

« Je me félicite, Monsieur le Comte, d'être, dans cette circonstance, l'interprète des sentiments de mes administrés et de pouvoir vous offrir l'hommage du profond respect avec lequel j'ai l'honneur d'être, etc. »

4° Lettre adressée du Touvet, le 17 février, au capitaine Paris, commandant la compagnie des grenadiers du département de l'Isère :

« J'ai l'honneur de vous prévenir que l'ennemi a évacué les Marches et Montmélian cette nuit ; nos troupes se sont mises en marche pour le suivre ce matin à cinq heures ; on présume qu'il évacuera également Chambéry ; tel est le rapport d'une ordonnance qui m'arrive à l'instant de Barraux.

« Je vais monter à cheval pour aller prendre des renseignements à ce sujet et je vous rendrai compte de ce que j'aurai appris, par la première ordonnance qui partira pour Grenoble. »

5° Lettre du commandant d'armes de la place de Grenoble, au maire de cette ville, en date du 18 février :

« Il est très-urgent que la cohorte soit mise en activité pour remplacer la garde nationale dans une partie du service de la place, attendu que la première est d'une négligence et d'une inexactitude telle, que la majeure partie des postes qu'elle occupe sont toujours incomplets et que ceux que les gardes nationaux occupent le sont par des remplaçants, en partie des misérables, auxquels raisonnablement on ne peut confier la surveillance d'un magasin à poudre, ni celle de la tranquillité publique. Je vous prie donc, Monsieur le Maire, de mettre en activité la cohorte le plus tôt possible ; il en résultera un bien infini pour la sûreté des citoyens et le maintient du bon ordre auquel ils sont tous intéressés.

« Agréez, ... BOURGADE. »

6° Lettre adressée du Touvet, le 21 février, au capitaine Paris, par le brigadier Tissot :

« J'ai l'honneur de vous rendre compte que l'ordonnance qui m'arrive de Chambéry m'apprend que l'ennemi, qui avait tenu à garder hier toute la journée ses positions, les a abandonnées aujourd'hui et bat en retraite sur la route de Genève. Toutes nos troupes sont parties de Chambéry ; il n'y a plus que M. le général Marchand et ses ordonnances dans cette ville. »

7° Lettre du général Marchand, au sénateur comte de Saint-Vallier, datée de Chambéry, le 22 février 1814 :

« Monsieur le Comte,

« J'ai fait faire hier au soir un mouvement pour menacer l'ennemi de le tourner par son flanc droit ; j'ignore si ce mouvement a donné des inquiétudes aux Autrichiens, ou s'ils ont eu quelque crainte du maréchal Augereau ; mais, à deux heures du matin, ils ont décampé et font leur retraite sur Annecy. Nous allons nous mettre en marche pour les suivre, et j'espère qu'ils ne s'arrêteront pas avant d'être arrivés à Genève. »

8° Autre lettre du général Marchand, au sénateur comte de Saint-Vallier, en date de Chambéry, le 23 février :

« Je m'empresse de vous annoncer que nos troupes sont entrées à Aix. Notre cavalerie a exécuté une charge et pris cinq hussards ennemis. Les Autrichiens sont en pleine retraite. Je vais me rendre à Aix pour faire des dispositions et je compte revenir ce soir ici. Nos troupes prendront position ce soir à Alby.

« Les habitants d'Aix ont illuminé hier leur ville après notre arrivée. Les Autrichiens ne leur ont rien laissé. »

9° Autre lettre du général Marchand, au sénateur comte de Saint-Vallier, datée de Rumilly, le 25 février :

« Monsieur le Comte,

« Nous nous sommes emparés hier d'Annecy, qu'il a fallu enlever de vive force ; j'avais dirigé sur ce point M. le général Serrand avec 2,000 hommes, et quoiqu'il ait rencontré devant lui 3,000 Autrichiens dont 800 de cavalerie, il les a poussés vigoureusement devant lui et les a chassés successivement de trois positions très-fortes ; il s'est emparé d'une pièce de canon, et M. le major Meyer, du régiment de Kaunitz, ayant eu une jambe emportée, est resté prisonnier de guerre. La perte de l'ennemi est très-considérable ; la nôtre ne s'est élevée qu'à 70 hommes, tués ou blessés.

« Les Autrichiens, en abandonnant Annecy, se sont retirés à trois lieues plus loin, au delà du pont de la Caille ; de notre côté, notre avant-garde est tout près de Frangy, où l'ennemi n'a plus qu'une faible arrière-garde d'une soixantaine d'hommes. »

10° Autre lettre du général Marchand, au préfet de l'Isère, datée de Frangy, le 2 mars :

« Il est possible que les événements de la guerre me forcent de m'éloigner de la division et m'entraînent dans la Franche-Comté et l'Alsace. Je n'ai point de cartes de ces pays, et vous pourriez me rendre un grand service en me prêtant les feuilles de Cassini, qui comprennent tout le Jura, depuis Bourg, ainsi que la Franche-Comté, depuis

Dôle...
....

« La trop grande précipitation du général Desaix a
failli nous être bien funeste. Il a engagé hier un combat
sans m'en prévenir, quoique je lui eusse recommandé de
n'en rien faire ; et, au bout du compte, nous sommes restés sans munitions (1), au point que nous aurions été obligés de nous sauver à toutes jambes si l'ennemi nous eût
attaqués aujourd'hui. Heureusement qu'il n'en a rien fait,
et qu'il s'est décidé à passer derrière l'Arve, où nous ne
l'inquiéteront pas jusqu'à ce que les munitions aient eu le
temps de nous arriver.

« J'ai pensé que nos compagnies franches (2) nous de-
venaient actuellement inutiles, et qu'il était temps de les
licencier. D'ailleurs, elles ne valent pas l'argent qu'elles
coûtent, et je me suis décidé à les renvoyer à Grenoble,
où vous renverrez chacun chez lui. Il sera à propos de les
payer jusqu'au jour de leur licenciement ; et peut-être vous
jugerez convenable de leur laisser leur habit, afin de ne
pas les renvoyer nus chez eux, ce qui produirait mauvais
effet. En général, ce sont de mauvais soldats, et ils sont
mal commandés; ainsi, il est instant de s'en défaire. S'il
se trouve parmi eux quelques conscrits, on pourra les in-
corporer dans un régiment. »

_____

(1) Ensuite des ordres du général Marchand, on réquisi-
tionna à Grenoble 1,800 aunes de serge, propres à la confection de sachets à poudre pour munitions de campagne, et l'on
expédia immédiatement sur Frangy une quantité de munitions
et de pièces d'artillerie assez considérable.

(2) Ces compagnies, au nombre de trois, étaient dirigées par
les capitaines Cousseau, Brun et Gruau. Cette dernière compagnie se composait de 107 hommes, dont 29 seulement
avaient déjà servi; la commune de Crolles en avait fourni 15;
Lumbin, 8 ; Bernin, 4; La Buissière, 4; La Terrasse, 8; Le
Touvet, 15; Chapareillan, 7; Le Cheylas, 5; Domène, 13; Le
Versoud, 3; Goncelin, 6; Tencin, 6; Pontcharra et Grignon, 8.

11° **Lettre du général de division comte Desaix, au préfet du Mont-Blanc, datée de Saint-Julien, le 2 mars :**

« Mes avant-postes sont à trois quarts de lieue de Genève, et j'espère qu'au premier jour nous serons maîtres de cette ville. Nous avons eu hier une affaire très-chaude proche de Saint-Julien. L'ennemi nous a présenté une batterie de quatorze pièces, dont plusieurs de 12, et malgré cette grande supériorité, il a perdu le champ de bataille et toutes ses positions. Nos soldats ont fait des prodiges de valeur. Un préposé des douanes a fait lui seul treize prisonniers. Un autre soldat en a fait huit. Les habitants sont si indignés des mauvais traitements que l'ennemi leur a faits, que nous avons eu beaucoup de peine à empêcher que l'on n'assassinât cinquante prisonniers.

« La perte de l'ennemi a été beaucoup plus considérable que la nôtre ; on nous assure qu'il fait sauter les ponts de Genève.

« Le fort de l'Ecluse est pris dès hier ; la colonne qui s'en est emparé était hier soir à deux lieues de Genève. »

12° **Lettre du comte de Saint-Vallier, au préfet de l'Isère, en date de Chambéry, le 6 mars :**

« Nos troupes sont toujours à Carrouge, nos canons sont en batterie depuis hier, et prêts à foudroyer Genève. Les magnifiques seigneurs ont donné leur démission le 3 mars entre les mains du comte de Bubna, et remis l'autorité au maire.

« La ville a été sommée le 3 par le comte Desaix.

« Le 4, elle a envoyé en parlementaire le sieur Fabry.

« Il paraît que Genève sera occupé aussitôt l'arrivée à Nyon de la division Musnier.

« Son Altesse Impériale le prince de Borghèse nous envoie, d'après les ordres de Sa Majesté, une division de neuf à dix mille hommes et douze mille s'il est possible. Un colonel aide-de-camp du Ministre de la Guerre va à Turin au-devant de ces troupes.

« Il est propable que le maréchal duc de Castiglione va entrer en Suisse ; il est à Lons-le-Saulnier depuis trois jours. L'armée du comte de Bubna est en désordre. »

13° Extrait d'une autre lettre du général Marchand, au préfet de l'Isère, datée de Carrouge, le 11 mars 1814 :

« Dans la position où je me trouve, je suis obligé de conserver la compagnie de M. Gruau qui est bien organisée, et qui peut nous rendre des services. Vous devez penser que je ne suis pas en mesure de me dégarnir de la moindre troupe : mais si je parviens à me rendre maître de Genève, alors je vous renverrai de suite cette 3° compagnie.

« Vous m'épouvantez lorsque vous me dites que vous avez reçu de nouveaux ordres pour la levée en masse. Quels sont donc les projets de l'Empereur ? Voilà qui est bien inquiétant. N'aurons-nous jamais de tranquillité ? Il y a longtemps que j'en suis convaincu, et je m'efforce cependant pour l'entrevoir de quelque côté.

« Nous n'avons rien de nouveau à nos avant-postes, et nous nous tenons assez tranquilles de part et d'autre. »

14° Bulletin reçu de Lyon, le 12 mars :

« Notre ville est aussi tranquille aujourd'hui que les jours précédents. Les mouvements de l'ennemi ne peuvent point nous inquiéter ; d'ailleurs on a beaucoup de confiance dans les opérations de notre maréchal. La 2° division de son armée est toute partie cette nuit. Lui-même a quitté Lyon ce matin à six heures et demie. Nous sommes entrés hier à Mâcon après un combat assez sanglant à Crêche, petit village avant d'arriver dans cette ville. Nous avons eu des succès, mais ils ont coûté la perte de plusieurs de nos braves. Il y a eu un assez grand nombre de blessés de part et d'autre. Quatre ou cinq cents prisonniers, deux pièces de canons, sont les résultats de cette journée. Parmi les prisonniers se trouve un officier de marque, aide-de-camp du général autrichien. Le 12° ré-

giment de hussards a fait une charge brillante et il avait
pris un bataillon entier d'ennemis, où était le général autrichien, mais la cavalerie ennemie, infiniment supérieure
en nombre à la nôtre, a repris ses prisonniers. »

15° Autre bulletin reçu de Lyon, le 13 mars :

« Jusqu'à présent nous ne savons rien sur les événements ultérieurs du côté de Villefranche. M. le Maréchal
y était encore à deux heures du soir hier. Cinq cents
prisonniers et deux pièces de canons sont arrivés hier au
soir dans notre ville. Nous sommes toujours à Bourg,
mais les craintes y sont grandes, au dire de notre courrier
qui vient d'en arriver. Cependant on espère s'y maintenir.

« Les blessés vont être évacués sur Lyon ; on fait des
dispositions pour les recevoir. Le colonel du 20° a été
assez grièvement blessé ; il est arrivé ici, sa blessure ne
paraît pas mortelle.

« Le courrier arrivé ce matin de Turin a annoncé
avoir laissé en route la division de dix mille hommes
dont on nous a déjà parlé à son départ de Lans-le-Bourg ;
elle avait presque entièrement passé le Mont-Cenis ; elle
ne peut tarder d'arriver ; c'est un fait positif. »

15 mars 1814. — On représenta pour la première fois,
sur le Théâtre de Grenoble, les *Autrichiens à Montmeillan,* ou *Un quart d'heure aux avant-postes,* opéra-
vaudeville en un acte, composé par un jeune homme de
notre ville, M. Alexandre-Pierre Barginet (1). D'excel-
lentes intentions et quelques jolis couplets firent
réussir cet ouvrage qui fut suggéré à son auteur par la
nouvelle d'un avantage remporté quelques jours auparavant sur les Autrichiens. Ce fut probablement le
souvenir du succès qui lui fut alors fait, qui décida,
dans la suite, Barginet à embrasser la carrière littéraire.

(1) Né à Grenoble le 23 juin 1797, Barginet est décédé à
Lyon, le 18 décembre 1843.

21 mars 1814. — On apprend à Grenoble que les troupes autrichiennes se sont emparées de Lyon après un combat des plus sanglants et des plus opiniâtres, à l'entrée du faubourg de Vaise, où les Français firent des prodiges de valeur et ne cédèrent qu'au nombre. Les autorités donnèrent de suite les ordres nécessaires pour établir les moyens de défendre Grenoble. Une redoute fut construite au pont de Pique-Pierre et une autre vis-à-vis, sur la rive gauche de l'Isère ; elles furent armées chacune de deux pièces de canon de douze.

22 mars 1814. — Une lettre du maire de Bourgoin, au préfet de l'Isère, apprend que le maréchal Augereau se replie sur la route de Valence : « *Une personne arrivée aujourd'hui de Vienne annonce que l'armée du maréchal Augereau s'est retirée sur cette ville. L'ennemi a poussé des avant-postes à Saint-Laurent, route de Lyon à Bourgoin. J'apprends que les éclaireurs arriveront à la Verpillière et à Saint-Quentin. Il est vraisemblable qu'ils arriveront ici demain...* »

Le même jour arriva à Grenoble, à trois heures de l'après-midi, venant d'Italie, Marie-Anne-Elisa, duchesse de Lucques et de Piombino, sœur de l'Empereur. Cette princesse descendit à l'hôtel des Trois-Dauphins, tenu par Labarre, et repartit le même jour, à sept heures du soir, pour Valence, où elle arriva le lendemain vers les neuf heures et demie du matin.

25 mars 1814. — Le sénateur comte de Saint-Vallier quitte Grenoble à trois heures de l'après-midi, pour se rendre à Valence.

Les six lettres suivantes, adressées par le *général Marchand*, au sénateur comte de Saint-Vallier et au préfet de l'Isère, sont intéressantes à plus d'un titre, aussi avons-nous cru devoir en donner la reproduction :

« Chambéry, le 25 mars 1814.

« Monsieur le Comte,

« Il me semble que ce serait le moment de penser à évacuer les malades des hôpitaux de Grenoble. Si nous avions quelque affaire, nous ne saurions plus où mettre nos blessés. Nous n'avons pour cette évacuation que la seule route des Hautes-Alpes, et on peut les envoyer par là jusques en Provence. J'espère que vous penserez ainsi que moi, qu'il faut garder le moins possible de malades, et agrandir les hôpitaux autant qu'on pourra.

« Je ne puis trop vous recommander aussi de faire faire des souliers. Cette dépense, suivant moi, doit passer avant la solde, parce que sans souliers nous n'aurions point de soldats, et qu'à toute force on peut se passer de solde. »

« Chambéry, le 25 mars 1814.

« Monsieur le Comte,

« Dans la position où nous nous trouvons, nos ressources vont devenir nulles, et nos dépenses vont aller en augmentant. Je ne vois qu'un parti à prendre : c'est de cesser de payer la solde. On payerait aux officiers des régiments la moitié de leurs appointements et la totalité aux officiers d'état-major, parce qu'ils sont obligés d'avoir des domestiques pour soigner leurs chevaux, et qu'ils sont par conséquent forcés de faire des dépenses plus considérables que les officiers des régiments. C'est la marche qu'on a toujours suivie aux armées, et, si nous ne l'adoptons pas, nous ne nous en tirerons jamais. Pourvu que le soldat ait du pain, de la viande, un peu de vin et des souliers, il peut faire la guerre. Je ne puis donc que vous engager à prendre de suite ce parti, et ce que nous avons en caisse pourra nous mener encore pendant quelque temps. Je désire bien que vous soyez du même avis que moi. »

« Chambéry, le 26 mars 1814.

« Mon cher Préfet,

« Je vous adresse différentes lettres que j'écrivais à Monsieur le Sénateur, et comme il est parti pour Valence, je vous prie de faire exécuter les dispositions que je lui demandais. Il est bien instant de vite faire évacuer nos hôpitaux sur Gap et la Provence, et je vous prie de ne pas perdre de temps pour cela.

« Il paraît que l'ennemi inonde les Terres-Froides, mais je crois que ce n'est que pour approvisionner Lyon. Je vous prie de faire porter de la farine au Sappey, pour la nourriture d'un bataillon que je placerais à Saint-Pierre-de-Chartreuse, dans le cas où je me retirerais. Ce bataillon serait de 600 hommes environ. »

« Chambéry, le 26 mars 1814.

« Mon cher Préfet, je vous prie de ne pas manquer de donner des ordres à tous les maires des villages placés le long de l'Isère, pour qu'ils fassent enchaîner, sur la rive gauche, tous les bacs et bateaux qui pourraient se trouver sur cette rivière dans l'étendue de votre département, au-dessous de Grenoble. Cette mesure me paraît de la plus grande importance. »

« Chambéry, le 26 mars 1814.

« Mon cher Préfet,

« Nous venons d'avoir un combat fort glorieux du côté d'Annecy, où j'avais ordonné qu'on reprît la position de pont Brugny, qui avait été évacuée contre mon intention.

« Le général Serrand, avec deux mille hommes et trois pièces de canon, a été chargé de cette opération. Il a rencontré auprès d'Annecy l'ennemi rangé en bataille au nombre de quatre mille hommes d'infanterie, quatre cents chevaux et huit pièces de canon. Le général Serrand n'a pas hésité de l'attaquer. Le combat a été opiniâtre et sanglant ; mais la bravoure étant de notre côté, la victoire s'est déclarée pour nous. Nous sommes entrés dans la ville pêle-mêle avec l'ennemi ; on s'y est battu pendant quelque temps, et plusieurs maisons ont été incendiées. L'ennemi a été poussé sur un pont, où un grand nombre s'est noyé en voulant passer au gué. De là, il s'est rallié derrière le pont de Brugny, qu'il a barricadé, et a placé ses huit pièces de canon en batterie pour en défendre le passage. Cette position est réputée pour une des plus fortes de la Savoie. Nos braves conscrits ne se sont point laissés arrêter par tous ces obstacles. Ils se sont précipités sur le pont et l'ont enlevé. Voilà un combat qui couvre nos conscrits de gloire, et surtout leurs braves chefs. C'est une des plus vigoureuses actions qui puissent avoir lieu à la guerre.

« Nous avons perdu quelques braves gens, mais la perte de l'ennemi, en tués, blessés, noyés ou prisonniers, doit se monter à sept ou huit cents hommes. Nous avons bien fait aux environs de deux cents prisonniers.

« Malgré cela, je crains bien de ne pouvoir pas conserver longtemps Chambéry, parce qu'on m'annonce que l'ennemi se montre en force du côté de la Tour-du-Pin, et qu'il faut penser à Grenoble, qui est le point important. »

« Chambéry, le 27 mars 1814.

« Mon cher Préfet,

« Je me suis décidé à me retirer de Chambéry et à prendre l'ancienne ligne que nous avions, excepté le Pont et les Echelles que j'abandonnerai également. Demain deux bataillons seront rendus à Voreppe, un second à Voiron, ce qui fera six bataillons dans ces deux points. Je ne tarderai pas à en envoyer un à Saint-Pierre-de-Chartreuse ; ainsi il est nécessaire d'y faire porter des subsistances.

« Je vous recommaude bien de faire des magasins
considérables de foin et d'avoine à Grenoble. Il en faut
également à Barraux.

« J'arriverai demain de ma personne à Grenoble, et
nous organiserons tout du mieux qu'il nous sera possible. »

28 mars 1814. — On apprend, à Grenoble, que le
maréchal Augereau, qui s'était replié sur Valence, avait
fait couper le pont de Romans, sur l'Isère, pour se défendre de la poursuite de l'ennemi. On apprend également
que les dépôts des 1er et 2e régiments étrangers, qui
étaient en garnison à Saint-Marcellin, avaient évacué
cette ville ; que le général Ordonan faisait couper les
trailles et enchaîner les barques qui se trouvaient sur
l'Isère entre Romans et Saint-Quentin ; que des éclaireurs
ennemis, enfin, avaient fait leur apparition dans les
cantons de Vinay et de Saint-Marcellin.

29 mars 1814. — Le général Daumas, comman-
dant le département de l'Isère, adresse au préfet la lettre
suivante :
« Les bataillons établis à Voiron ont attaqué hier
l'ennemi qui était à Chirens, et l'en ont chassé vigoureusement. Il a éprouvé une perte d'une centaine
d'hommes, parmi lesquels on compte 33 prisonniers.
Le 2e bataillon du 18e d'infanterie légère, composé de
conscrits du département de l'Isère, de 1815, s'est distingué dans cette circonstance. On ne peut donner trop
d'éloges à la bravoure dont il a donné des preuves. »

30 mars 1814. — Le chevalier Bourgeois Saint-
Paul, commissaire ordonneur par intérim de la 7e division militaire, invite le préfet de l'Isère à vouloir bien
réquisitionner soixante voitures, pour assurer l'évacuation
des objets de son administration.

31 mars 1814. — Le maire de la ville de Grenoble adresse aux habitants l'appel suivant :

« Au mois de février dernier, je fis un appel à votre bienfaisance, et le succès a répondu à l'attente de vos magistrats ; les hôpitaux militaires ont reçu des secours en linge et charpie.

« Les circonstances ont augmenté le nombre des malades. La situation de l'hospice, que messieurs les administrateurs viennent de me faire connaître, me met dans le cas de recourir de nouveau à la bienfaisance des habitants.

« Cet établissement manque de paillasses, de matelas, de traversins, de draps, de linge pour bandes et compresses, et de charpie. L'administration ne peut se procurer la totalité de ces objets nécessaires à un si grand nombre de malades, et malgré son zèle et ses sacrifices, on serait obligé de mettre chez les habitants une portion des blessés, si, comme au mois de février, on ne vient à son secours.

« Les personnes qui voudront bien venir, dans cette circonstance difficile, à l'aide de l'hospice, sont priées d'envoyer leurs dons à cet établissement de bienfaisance, où ils seront reçus par Mme la Supérieure des religieuses hospitalières, qui en donnera un reçu.

« Fait en l'Hôtel de Ville de Grenoble, le 31 mars 1814.

« RENAULDON.

« *P.-S.* Les effets susceptibles d'être rendus le seront, lorsque les circonstances le permettront, sur la représentation du récépissé. »

30 mars 1814. — Le bruit se répand dans Grenoble que Voiron a été occupé par l'ennemi après un engagement assez sérieux dans lequel nos troupes perdirent beaucoup de monde, et que le colonel Cubières, qui commandait la brigade française composée de quatre bataillons des 18° léger, 11° et 75° de ligne et de deux bataillons de gardes nationales mobiles, se repliait sur Voreppe.

1er avril 1814. — Le 1er bataillon de gardes nationales de Grenoble et une compagnie de voltigeurs du 20° de ligne, placés sous les ordres du colonel de Lespinasse, repoussent un parti autrichien qui se présente au pont de Saint-Pierre-de-Chartreuse et lui tuent trois hommes.

Le même jour, le colonel Cubières, qui avait dû se replier sur Voreppe, fait exécuter à la hâte quelques travaux de défense. Un fossé avec levée de terre fut creusé en travers de la plaine au delà du rocher des Buissières, du côté de Moirans. Les berges du torrent de la Roize furent disposées de manière à servir de retranchement.

Deux pièces de canon furent placées sur la hauteur des Buissières, et deux autres au bas de la descente de Voreppe, non loin de la maison dite de la Poste. Cette petite artillerie était dirigée par le capitaine Joseph Debelle (1), alors en retraite et amputé d'une jambe.

Les troupes dont pouvait disposer Cubières se composaient environ de 1,200 hommes du 18° léger, de 1,000 soldats d'autres troupes de ligne, de 1,000 gardes nationaux mobilisés et douaniers, d'une trentaine de hussards et de 60 artilleurs gardes-côtes. En outre, deux bataillons, l'un du 18° léger, l'autre de gardes nationaux, commandé par le major Olivetti, occupaient le défilé de

---

(1) Joseph-Guillaume Debelle, frère des généraux Jean-François-Joseph, César-Alexandre et Auguste-Jean-Baptiste Debelle, né à Voreppe en 1779, décédé dans la même localité le 19 juillet 1826.

Crossey et le col de la Placette. Ce poste avait été attaqué le dernier jour de mars par un détachement autrichien qui fut repoussé avec perte.

Le gros de l'armée Autrichienne, forte de quinze mille hommes, s'était porté en même temps sur Moirans où se trouvait le quartier général; son camp était établi sur les hauteurs de Saint-Jacques. Le général ennemi Hardeck semblait hésiter s'il forcerait immédiatement le passage de Voreppe, attendant probablement le résultat de l'attaque du défilé de Crossey et des hauteurs de Raz.

Sachant par des hommes dévoués, raconte M. Albin Gras (1), que les Autrichiens se gardaient très-mal, Cubières conçut le projet hardi d'enlever leur général; conduit par le fils du maître de poste de Voreppe, il s'avança pendant la nuit avec un bataillon; il fit un grand détour par la Buisse et Saint-Jean, mais il ne put complétement surprendre les troupes de Moirans. Toutefois, il s'introduisit dans ce bourg et pénétra dans l'appartement de Hardeck, comme celui-ci venait de le quitter. Le colonel saisit ses papiers, mais l'alerte était donnée; il fallut se retirer. Cette fois on gagna la grande route pour n'être pas coupé et afin de résister à la poursuite de l'ennemi.

2 avril 1814. — Ce fut ce jour-là qu'eut lieu l'attaque de Voreppe. A une heure de l'après-midi, un coup de canon tiré des Buissières annonça l'approche de l'ennemi; la fusillade et une vive canonnade se firent entendre dans la plaine; nos soldats, trop éparpillés, ne purent se défendre longtemps, protégés seulement par une faible levée de terre; le 18° se replia et vint prendre

---

(1) *Grenoble en 1814 et 1815 (Bulletin de la Société de Statistique de l'Isère,* 2° série, t. III),

position le long de la Roize où l'on continua à se battre avec acharnement; mais bientôt un régiment tout entier de dragons autrichiens traversa ce torrent près de son embouchure dans l'Isère; on n'avait fait sur ce point aucuns travaux de défense, les Français allaient être enveloppés et les munitions commençaient d'ailleurs à manquer. Le colonel Cubières fit alors battre en retraite. Ce mouvement rétrograde se fit en bon ordre. Arrivés sur la hauteur du Chevalon, nos pièces de canons furent mises en batterie et l'ennemi ne songea plus à inquiéter les Français.

Il était près de quatre heures du soir quand les Autrichiens entrèrent dans Voreppe.

L'attaque sur le pont du bourg avait été meurtrière pour eux, les batteries établies sur les Buissières leur avaient fait beaucoup de mal; ils croyaient avoir aperçu des bourgeois parmi les combattants, et avaient même fait prisonnier un habitant de Voreppe, dont les lèvres paraissaient noires de poudre. Ils étaient très-animés par ces circonstances et menaçaient d'incendier et de piller le bourg; messieurs de Linage, alors maire de Voreppe, Hector d'Agoult et Michoud, ses adjoints, intercédèrent auprès de leur général en chef et obtinrent non-seulement qu'ils se contenteraient d'une somme d'argent, mais encore qu'ils épargneraient la vie de leur prisonnier.

On a affirmé que les Autrichiens avaient eu dans cette affaire deux ou trois cents hommes tués ou blessés. Du côté des troupes françaises, la perte ne dépassa pas une cinquantaine d'hommes. Trois habitants du bourg périrent, et il y eut une maison incendiée. Les habitants de Voreppe participèrent au combat et se défendirent avec courage. La commune de Voreppe souffrit beaucoup de la présence des alliés; indépendamment de la somme qu'elle eut à verser pour racheter le bourg du pillage, elle perdit en réquisitions, dégâts, prestations, etc., une somme évaluée officiellement à 262,200 fr 15 c.

Après le combat de Voreppe, le détachement qui était à la Placette quitta son poste, qui n'était plus tenable ; il se dirigea pendant la nuit du côté de Grenoble, en passant par la montagne de Chalais, et rejoignit, le lendemain, Cubières, un peu au delà du Chevalon.

Pendant ce temps, le comte de Bübna, après avoir occupé les montagnes de la Chartreuse, sur la frontière de la haute Isère, essaya, mais en vain, de s'emparer du fort Barraux. Il voulut aussi attaquer le poste de la Chavanne où se trouvait Desaix, mais il en fut empêché par la rupture du pont de Montmélian. Les Autrichiens remontèrent alors l'Isère jusqu'au confluent de l'Arc et ils traversèrent la première de ces rivières sur des radeaux ; Desaix détacha quelques troupes pour garder le poste de Pontcharra et prit une position telle qu'il rendit inutiles tous les efforts de Bübna ; il couvrait la Maurienne et les communications avec Turin, où commandait le prince Camille Borghèse.

Du côté de Grenoble, après le combat de Voreppe du 2 avril, le colonel Cubières abandonna bientôt le Chevalon pour venir prendre position vers la Buisserate, au pont de Pique-Pierre, lieu où l'Isère se rapproche beaucoup du coteau. Une relation manuscrite de la retraite de Cubières, que nous avons sous les yeux, fournit les détails les plus tristes : le plus grand désordre régnait parmi les troupes françaises qui se portèrent à tous les excès, brisèrent les portes des maisons dont les propriétaires se trouvaient absents, cassèrent les meubles, défoncèrent les tonneaux et répandirent le vin dans les caves.

Cependant, après la première panique passée, on mit une plus grande activité à défendre la ville de Grenoble.

Une nouvelle batterie fut établie à la hâte à la jonction du Drac et de l'Isère ; celle du pont de Pique-Pierre fut augmentée de plusieurs pièces ; des batardeaux furent établis dans l'Isère à la porte de la Graille et à la Citadelle pour faire refluer l'eau dans les fossés des fortifications ; les remparts, enfin, furent disposés pour recevoir des pièces d'artillerie.

Plusieurs bataillons d'infanterie occupaient les hauteurs et s'appuyaient le long du ruisseau de Pique-Pierre, prêts à contenir l'ennemi. Nos avant-postes étaient à Saint-Robert. Les alliés hésitèrent plusieurs jours avant de songer à attaquer une position si difficile à forcer.

4 avril 1814. — Le général Marchand reçoit les deux lettres suivantes :

« Au quartier général à la ferme Lambert, le 4 avril 1814, près le Péage-de-Romans.

« Monsieur le Général,

« Son Excellence le duc de Castiglione désire avoir de vos nouvelles et connaître votre situation ; devant nous l'ennemi occupe la rive droite de l'Isère, qu'il ne passera pas sans doute ; nous sommes d'ailleurs en mesure de le recevoir. Si vos occupations le permettent, donnez-moi, je vous prie, quelques détails particuliers sur votre position ; je continuerai à vous tenir au courant de la nôtre toutes les fois qu'il surviendra quelques événements.

« Agréez, monsieur le Général, l'assurance de mes sentiments distingués.

« *Le général de division, commandant
la 2ᵉ division de l'armée,*

« C. D. VEDEL. »

« Saint-Romans, le 4 avril 1814.

« Mon Général,

« Je viens de recevoir la lettre que vous m'avez fait l'honneur de m'écrire. Je vous assure, mon Général, qu'elle m'a fait le plus grand plaisir, parce que j'étais très-inquiet sur votre position. Je me suis empressé d'en envoyer copie à Son Excellence M. le maréchal Augereau.

« Je quittais Romans le 2 de ce mois. Le général Estève m'y remplaça. Je ne fus pas à deux lieues de cette ville que l'ennemi l'attaqua et força nos troupes à l'évacuer. Le général Estève eut cependant le temps de faire couper le pont; il perdit dans cette affaire une cinquantaine d'hommes.

« Je suis à Saint-Romans depuis le 2 au soir; mes troupes occupaient depuis Eymeu jusqu'à Saint-Gervais. Je fus moi-même à Saint-Gervais, et si je n'avais pas reçu l'ordre de me replier sur Romans pour appuyer la brigade du général Estève, je serais allé ce matin à Grenoble pour vous voir. Un de mes bataillons tient encore Beauvoir et Izeron. Votre lettre m'a déterminé à rester ici jusqu'à demain dans l'espérance que Son Excellence, au lieu de me faire rétrograder, me fera au contraire pousser jusqu'à Saint-Gervais. Je désire de tout mon cœur recevoir cet ordre.

« J'ai parcouru la haute Isère et me suis assuré que l'ennemi ne pouvait effectuer de passage qu'à Eymeu et entre la Rivière et Saint-Quentin.

« Je vous prie, mon Général, de me donner de vos nouvelles par le retour du porteur.

« Agréez l'hommage de mon respect.

« *Le général de brigade,*

« ORDONNEAU. »

6 avril 1814. — Les autorités de Grenoble reçoivent la nouvelle suivante :

« Extrait de la lettre écrite au Directeur des Postes de Grenoble, le 5 avril, par M. Mouret, inspecteur à Gap.

« Le courrier Perier, arrivé d'Aix ce matin, a rapporté « que le contrôleur d'Aix lui avait dit d'assurer sur sa « route que les préliminaires de la paix sont signés.

« Pour extrait conforme :

« *Le Directeur des Postes,*

« Borel. »

9 avril 1814. — La population de la ville de Grenoble apprend sur les quatre heures de l'après-midi que les troupes alliées étaient entrées dans Paris le 30 mars.

11 avril 1814. — Le général Marchand se rend à huit heures du matin aux avant-postes de l'armée autrichienne, ensuite de l'invitation qui lui en avait été faite la veille par le prince Emile de Hesse-Darmstadt, envoyé extraordinaire des troupes alliées. Dans cette entrevue, qui eut lieu sur la terrasse de la maison Chanel, à St-Robert, les deux généraux convinrent d'un armistice, leurs corps d'armée gardant leurs positions respectives. Par une bizarre combinaison de la fortune, le prince allemand servait, six mois auparavant, sous les ordres du général Marchand lui-même, dans la grande armée impériale.

11 avril 1814. — Le prince de Hesse-Darmstadt vint rendre au général Marchand la visite qu'il en avait reçu la veille. Il fit son entrée dans la ville à trois heures de l'après-midi, accompagné de deux officiers généraux et d'une escorte de dix cavaliers ; le général Marchand était allé à sa rencontre jusqu'aux avant-postes ennemis. Une foule innombrable couvrait la route depuis le pont de Pique-Pierre jusqu'à l'hôtel de la division, où il descendit. Le prince repartit à six heures du soir.

13 avril 1814. — Conformément à l'arrêté du préfet, rendu en date de la veille 12 avril, le Conseil municipal de la ville de Grenoble, convoqué par le Maire, s'assemble à dix heures du matin en l'Hôtel de Ville, et vote, à l'unanimité, la déclaration suivante :

« Au moment où les Habitans de la ville de Grenoble apprennent les grands événemens, qui, en prononçant la déchéance de Buonaparte, rendent le trône à une auguste famille qui fut toujours l'idole des Français, et qui leur est devenue plus chère encore par ses malheurs, le Conseil municipal s'empresse d'exprimer, en leur nom, l'adhésion qu'ils donnent à une si heureuse restauration. Un autre sentiment remplit encore leurs cœurs, c'est celui de l'admiration et de la reconnaissance pour les illustres Souverains qui ont secondé le vœu de la France, comprimé jusqu'à ce jour, et qui ajoutent à tant de magnanimité un bienfait non moins grand, celui de leur rendre leurs frères que le sort des armes avait mis en leurs mains. »

« Le Conseil municipal arrête que la présente sera consignée dans les registres, portée en corps à Monsieur le Préfet, qui sera prié de la faire parvenir au Gouvernement provisoire, et qu'elle sera dans le jour imprimée, publiée et affichée dans tous les lieux accoutumés.

« Vive Louis XVIII !

« Fait en l'Hôtel de Ville, à Grenoble, le 13 avril 1814.

« Signés, *Bernard, Revol, Piat-Desvial, Verney, Charles-Joseph de Barral, Borel-Saint-Victor,*

Allemand-Dulauron, Vallier, Pasquier, Gerboud, E. de Marcieu, Arthaud, C. Durand, Flauvans, Aug. Perier, Jean Ducruy aîné, Barthelon, Allier; Beyle, adj. ; *Lavalette*, adj. ; baron *Renauldon*, chevalier de la Légion d'honneur, maire.

« Vu et homologué par le Préfet du département de l'Isère, qui ordonne que la présente déclaration du Corps municipal soit sur-le-champ publiée et affichée avec solennité, comme exprimant les vœux unanimes des habitans, et comme un témoignage authentique de leurs sentimens pour l'auguste Maison de France, qui va rendre à notre patrie, avec une paix durable, son ancienne prospérité et sa gloire, et fondera sur des bases anciennes et revérées l'union et le bonheur de tous les Français.

« Vive le Roi!

« *Le Préfet du département de l'Isère, officier de la Légion d'honneur,*

« *Signé :* Jh Fourier. »

Le drapeau blanc fut à l'instant arboré sur la tour de l'Hôtel de Ville. En même temps, le Maire, accompagné de ses deux adjoints, tous les trois décorés d'une écharpe blanche et précédant le Conseil municipal en corps, qu'escortait la garde nationale dans la plus grande tenue, sous les ordres de M. de Montal, son commandant, avec musique militaire, procéda à la publication de la déclaration qui venait d'être prise. La première publication eut lieu sur la place Saint-André, la seconde sur la place aux Herbes, la troisième sur la place Notre-Dame, la quatrième rue Très-Cloîtres, la cinquième au faubourg, la sixième sur la place Pierre-Pontée, la septième rue de France, la huitième rue Saint-Laurent et la neuvième place Grenette.

————•••◦◦◖▨◗◦◦•••————

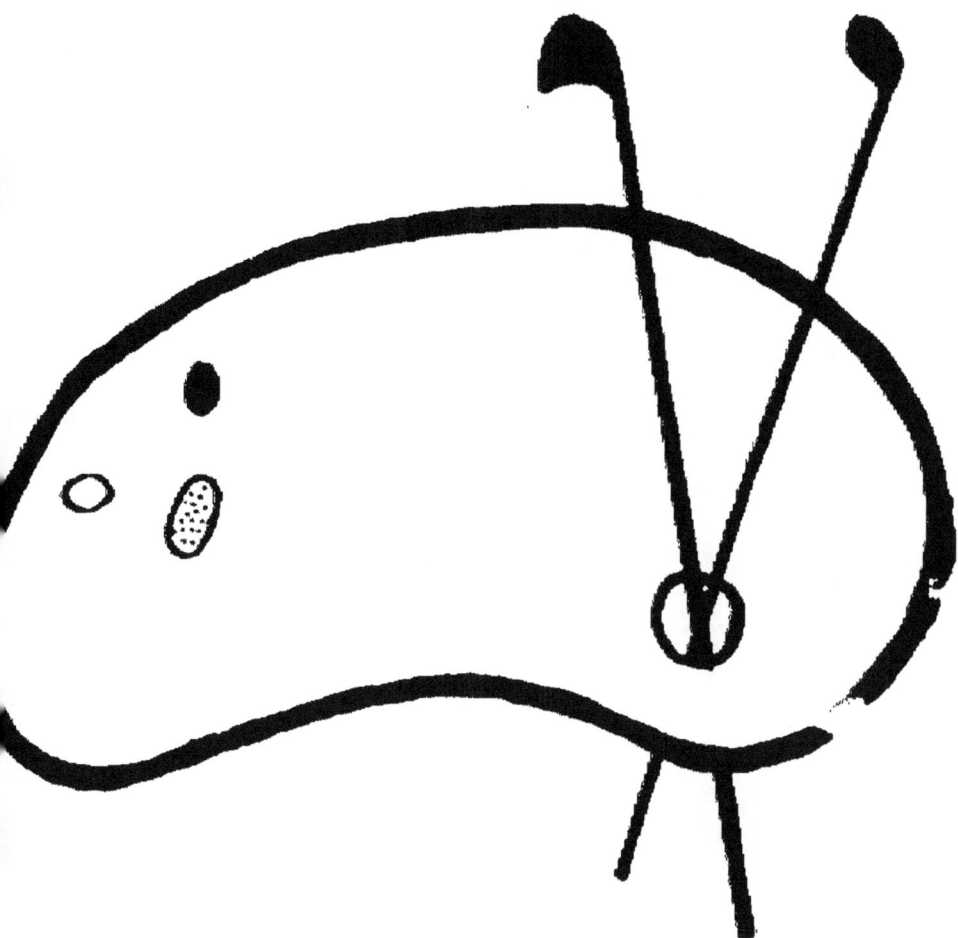

ORIGINAL EN COULEUR
NF Z 43-120-8

www.ingramcontent.com/pod-product-compliance
Lightning Source LLC
Chambersburg PA
CBHW070355090426
42733CB00009B/1434